易经的奥祕

易經的奧祕

一本易想天開的絕妙經典

易經的奧祕

台灣國寶級大師
曾仕強／著

總編輯序

心靈的饗宴，智慧的喜閱

有幸追隨「中國式管理之父」曾教授學習，是我生命中最幸福的饗宴。這樣的幸福感，猶如作家張愛玲所言：「於千萬人之中，遇見你所遇見的人；於千萬年之中，時間的無涯的荒野裡，沒有早一步，也沒有晚一步，剛巧趕上了……」。

在我過去的生涯裡，歷經過幾次截然不同的職涯轉換，幸運的，每當我思及有所創新與突破時，就會有貴人現身相助，彷佛上天早就在我生命中的每一個轉折點，自動安排好了頂尖的大師，傳授我此一階段所需的知識與能力。

而我衷心感謝，上天能讓我在生命中最需要智慧引領的階段，親炙曾教授的風采，並追隨教授與師母學習，不僅對個人智慧增長大有助益，也得以近身觀察教授待人處世的風範。曾教授是一位德高望重的儒者，不僅學富五車、博古通今，發揚中道、不遺餘力，兼之平易近人，且言語間詼諧幽默，充滿人生智慧，又字字珠璣、擲地有聲，可以為經師，更可以為人師，每每聆聽教益，總讓人有如沐春風，醍醐灌頂，茅塞頓開之感。

曾教授數十年來，投身於中華文化和西方現代管理哲學之研究，在國學、企管、哲學、教育等諸多領域上，皆有極高深的造詣。回顧三十年前，在世界前五百大企業中，尚無一間中國企業能躋身其間，曾教授便已洞察趨勢，率先提倡「中國式管理」學說，被譽為「中國式管理之父」。二〇〇七年，曾教授應大陸中央電視台「百家講壇」節目邀請，主講「易經與人生」，是第一位受邀之台灣學者；二〇〇八年於北京奧運賽事期間，主講「經營之神胡雪巖的啟示」，收視率勇破全國之冠；二〇〇九年，再應節目之邀，主講「易經的奧祕」系列，內容風靡全中國，掀起一股國學復興熱潮，曾教授亦被評選為「第一名的國學大師」。

曾教授以復興中華文化職志，提倡人類文明為己任，值此不逾矩之齡，仍經年與師母於國內外四處奔走，進行教學、演講、著作、錄製節目等工作。我們後生晚輩，常不忍教授與師母如此辛苦，但教授卻能樂以忘憂，他說，自己只是在盡一個讀書人的責任，因為他相信一個讀書人，讀了大半輩子的書，為的就是要替社會盡一分責任。就像《易經》有天、地、人三才，人居於天地之間，頂天而立地，要能整合天地的特性，使宇宙日趨進化，這便是人類責無旁貸的神聖使命。

曾教授自述，他在三十九歲那年首次接觸《易經》，在深入研讀後，發現《易經》是一本其大無外、其小無內的經典，可以幫助人們認識自我、認識世界，從而做到持經達變，通達樂觀的境界。換句話說，《易經》就是一本能解開宇宙人生六十四個密碼的寶典。只要能將《易經》的道理，運用於日常生活之中，據易理以修己安人，依中道謀和平發展，求大同而存小異，就能幫助人類走上天人合一、世界大同的途徑。尤其值此地球生死存亡的重要關頭，唯有易理得到傳揚，人類才能自救，宇宙才能永續發展。

現代人學習《易經》，究竟有什麼樣的實質意義呢？曾教授認為，《易經》妙用無窮，對現代人而言，至少有以下三大用途：

第一，《易經》可以糾正我們很多似是而非的觀念。現今社會有很多似是而非的觀念，使人們的腦筋混沌不清，可是我們卻不自知。例如現代人常將「存好心、說好話、做好事」掛在嘴上，然而卻往往由於思慮不周，判斷錯誤，或流於一味討好，而淪為「好心做壞事」、「愛之反害之」的下場。其實，好心只有兩個字「合理」、好話只有兩個字「妥當」；「合理的判斷」才是存好心，「妥善的表達」才是說好話。

第二，《易經》有神祕性，也有道德性。有神祕性，是因為過去科學不夠發達，我們沒有辦法用科學來解釋它，只好用神道來包裝它。現在科學發達，我們可以把《易經》裡的神祕性，用現代科學來詮釋，但是它的道德性，卻是無法被取代的。《易經》的道德性，將會在二十一世紀，得到充分的發揚。

第三點，《易經》求同存異的思想，是實現全球化的必經途徑。《易經》提出「求同存異」的觀點——我們「求同」，但也「存異」，在尊重各地文化的前提下，從中找出一個最大公約數，轉化為世界大同的基因。求同存異的精神，正是《易經》在二十一世紀成為顯學的重要關鍵。

《易經的奧祕》一書，是曾教授在央視百家講壇同名節目中的智慧結晶。簡體字版甫在大陸發行，便暢銷逾數百萬冊，高踞大陸各大書局文史哲類暢銷排行榜冠軍寶座。讀友閱讀後予以熱烈迴響，認為這是一本「可惜沒有早點看」、「對人生有重要啟發」、「能使人茅塞頓開」的智慧鉅作。為了讓這本「易想天開」的絕妙好書，走入更多讀友的生命中，曾仕強文化的工作團隊，花費數月時間，將本書重新改版、增潤，希望能帶來更豐富的閱讀樂趣，讓閱讀＝悅讀，喜悅＝喜閱。

開卷有益，好的思想，能夠改變人的一生！我們何其有幸，能活在21世紀這個中國人的世紀、《易經》的世紀。誠如曾教授所言：「中華文化要復興，全賴龍的傳人能堅守中道，堂堂正正地做人處世，將《易經》的哲理發揚光大，推而廣之，一統天下，使世界大同的理想，能落實在21世紀的地球村。我們的中心價值，是要做一個受人尊敬的人，而不是做一個有錢人。有錢人並不稀奇，有價值的人才值得我們景仰。」祝福每位讀友，也恭喜每位讀友，能在此時此刻，與大師相遇、與智慧邂逅，沒有早一步，也沒有晚一步，剛巧趕上了這場心靈的盛宴。

——曾仕強文化總編輯　陳祈廷

目錄

易經的奧祕

易經的奧祕

何為易經

——一部能破解宇宙人生密碼的寶典

【何為易經】

一部能破解宇宙人生密碼的寶典

凝聚著中國古聖先賢智慧的《易經》，曾長久地被誤解為一本算命專書。近年來，隨著科技的發展與東西文化的交融，《易經》愈來愈受到中外科學界、文化界的重視，西方學者更奉之為「一部奇妙的未來學著作」。

要瞭解《易經》，首先要從「何為易經」這個問題著手。

歷代文獻皆記載「易為群經之首」，不論「五經」、「六經」或「十三經」，皆尊《易經》為首。然而「首」這個字，定義的還不夠貼切，建議可改為「始」，也就是「易為群經之始」，因為易是諸子百家的思想總源頭，也是中華文化的精髓所在。

何為《易經》？這個問題的答案，大概只有炎黃子孫能心領神會，西方人很難明白這種中國式的邏輯，因為答案不論怎麼說都對，但都只對了一部分，不可能完全正確，因為《易經》可致廣大而盡精微，如同浩瀚的海洋般，你可以搭豪華遊輪乘風破浪，快樂出航；也可以入住海濱別墅，飽覽風光；或直接縱身入海，深潛輕躍，體驗悠然自得的快意——不論你用何種方式，都能夠親近海洋，然而親近之後，誰都不能說自己就真的是完全瞭解這片海洋了。

關於《易經》的解讀，為什麼總是見仁見智，或各執己見？就是因為每個人都只從一個角度去看，都只觀察到一個面向，都只講對一個部分，很難把它講得完全，所以研究《易經》，一定要有比較寬廣的包容性。

一本其大無外，其小無內的集體創作

《易經》是如何完成的？《漢書，藝文志》裡記載：「易道深，人更三聖，世歷三古」——《易經》的完成，經歷了三位聖人的心血結晶。第一位是上古的伏羲；第二位是中古的周文王和周公父子（在中國人的觀念裡，家族與個人密不可分，因此一家人可視為一人）；第三位則是近古，也稱為下古，我們所最為熟悉的孔子。

照理來說，上述三聖分明有四個人，為什麼要說成三個人呢？箇中道理便是源自於《易經》。因為「三」是奇數，屬陽；而四是偶數，屬陰，因此才說「人更三聖」，而不說「人更四聖」。中國人的唐裝，鈕扣一定是五顆或七顆，不是四顆或六顆；中國人的陽宅，階梯一定是奇數而非偶數，都是源自於同樣的道理。

實際上，《易經》成書所經歷的時間非常久，所經歷的聖人也非常多，可以說《易經》是中國古聖先賢所集體創作的成果。因為農業社會分工合作的特性使然，中華民族幾乎所有事物都是集體創作的，很少有一個人單獨完成的。

《易經》廣大精微，無所不包，呼應了道家「其大無外，其小無內」的思想——大到沒有外面，夠大的吧！小到沒有裡面，夠小了吧！現代人很喜歡講「系統」，其實，世界上最大的系統正是《易經》，因為所有能列舉出來的大系統，例如：太陽系、銀河系等，都大不過「其大無外」；而所有能列舉出的分子、原子、質子、電子等元素，都小不過「其小無內」。

孔子時代就已經解開了宇宙人生密碼！

那麼，如此廣大而精微的一本書，究竟有什麼用處呢？若是一言以蔽之，有些人會不相信，有些人會嚇一跳，但如果大家讀通這本書，一定會恍然大悟——《易經》就是一部能解開宇宙人生密碼的寶典。

也許有人會覺得這種說法太誇張，因為現在全世界的科學家，兢兢業業，為的就是要解開宇宙的密碼。有了那麼精密的儀器、那麼尖端的技術，他們都還不敢說能夠做到，這麼，一本幾千年前的古老經書，如何能做到這樣了不起的事情？所以大家心裡一定充滿疑問：「那麼，密碼究竟解開了沒有呢？」

如果沒有解開，豈不是空談？講了半天，沒有效果，即使再古老、再廣大，又有何用？我們可以大膽地說：「解開了！」

自從孔子解開密碼後，到目前為止已經歷了兩千五百多年，但我們向來都是小用，從來沒有大用過。孔子曾感慨地說：「人能弘道，非道弘人。」但是孔子的感慨，後人沒有聽懂，只是把它當成古書來背、當考題來申論，卻參不透孔子真正的想法。「人能弘道」，意思是人能夠主動把密碼拿來好好運用；「非道弘人」，意思是人不能被動地躺著，等待密碼來幫我們的忙。孔子真正想表達的是：「宇宙人生的密碼已經解開了，但是要靠人來把它發揚光大。」那麼，我們又憑什麼說，在孔子的時候，宇宙人生的密碼就已經解開了呢？

破解宇宙人生密碼的三把金鑰匙

自古以來，人類一直嘗試使用各種方法，以探索宇宙人生的奧祕，但是直到科技高度發達的今日，宇宙之於人類，仍然是一個巨大的問號。那麼，我們的老祖宗在幾千年之前，如何能夠得到破解宇宙人生的密碼呢？

這是因為我們的祖先，得到了三把金鑰匙。

第一把金鑰匙，稱為伏羲八卦。炎黃子孫幾乎人人看過八卦圖，只是不求甚解其功能所在。殊不知，那正是一把能打開宇宙人生密碼的金鑰匙。我們拿在手上七千年，卻始終沒有悟出它的真正作用，總以為那是裝飾品、避邪物，連外國人也隨我們起舞，一窩蜂地把八卦當成藝術品。現在有很多西方人也流行掛八卦圖，若你追問原因，他必然回答：「那是你們中國的文物，我怎麼搞得清楚？」

伏羲的八卦，透露出一則宇宙最基本的祕密，這個祕密只有兩個字——「陰陽」。現代科學家已經察覺，凡物體構成，必有其最小基本元素，於是用了很多名詞、代名詞、形容詞來解釋，卻始終歸納不出「陰陽」兩字；中國人一天到晚講「陰陽」，反而不知道「陰陽」就是構成宇宙萬物最基本的元素。

第二把金鑰匙，是文王六十四卦。它告訴我們，宇宙只有六十四個密碼。大家一定會產生疑問：「為什麼是六十四個？不可以是六十三個嗎？不可以是八十二個嗎？」《易經》裡談了許多「數」，但如果我們用現代的數學觀念來看《易經》裡的數，那就相差太遠了，因為「數」不等於「數字」。數是有生命的、是活的，而不是死的。中國人常說：「這件事情不過是一而二，二而一而已。」這句話大家經常聽到，只是不曾在意。（關於中國人「一而二，二而一」的智慧，請參考第十四篇「卦的象數理」，篇中有更深入的說明。）

六十四卦就是宇宙的六十四個密碼，它是用數字表示的。凡密碼，必離不開數字。我們現在所用的保險箱，都是用數字做密碼的，但是那個數字是死的，一就是一，二就是二，而宇宙的數是活的，是變化無窮的。

第三把金鑰匙，是孔子給我們的《十翼》。史書中記載：「孔子刪詩書、訂禮樂、作春秋、贊周易」——孔子把《尚書》、《詩經》刪去一大部分，制《禮》作《樂》，還修訂了一部《春秋》。但是，當他讀到《周易》時，非但不刪、不改、不修訂，還很恭敬地讚美它。

《周易》成書以後，無數文人想修改它，卻連一個字都無法更動。孔子身為老師，自當負起教育責任，如果書中真有錯誤，他理當刪、理當改，可是當他讀完後肅然起敬，不但「贊《周易》」，而且還替它裝上十隻翅膀，我們稱之為《十翼》。孔子希望《周易》能夠「飛起來」，可惜到現在，他的理想還沒有實現。

《周易》「飛起來」以後是什麼情形？答案就是「世界大同」。事實上，地球村就是世界大同，世界大同就是地球村，西方的理想與我們的理想是一致的。我們若能循西方途徑邁向地球村，也是可行方法之一，常言道：「功成不必在我」，只要能夠促進人類和諧、實現和平發展，無論使用什麼方法，都是殊途而同歸。然而，依目前形勢來看，未來的道路，還是得靠我們自己來走。靠什麼走？就是這部有十隻翅膀的《周易》。中國人有這麼好的寶藏，可是我們卻自己睡著了，醒不過來。而今，沉睡了這麼多年，該是甦醒的時候了！

人類所知道的第一個密碼「2、1、2」：

我們今天所看到的《易經》，可以說是三位古聖先賢所共同創造出來的：伏羲創造了八卦圖；周文王創造了六十四卦，後被稱為《易經》；而孔子則為《易經》作了《十翼》，也稱為《易傳》。

許多人會問：「《易經》的首創人伏羲是誰？為什麼祂要創造八卦呢？」

最初，人類還沒有進入農業社會，是靠打魚、狩獵維生。一個人要出去打魚、狩獵，最害怕的是什麼？就是半路上遇到天氣驟變，來不及躲避，很可能連命都丟了。而伏羲可說是全人類、全世界的第一位氣象預報專家，所以很多人會前來請教祂：「明天要出門，天氣會如何？」伏羲仰觀天文後回答：「安啦，明天是大晴天，你可以出門」；「明天往南走有雷，要小心」；「往西北走會有大雨」……剛開始，大家還半信半疑，可是隨著日後應驗次數的累積，大家都覺得伏羲還真神，於是，前來請教的人愈來愈多。人一多，伏羲就沒有那麼多時間應付，怎麼辦？於是祂告訴大家：「從明天開始，我會在這棵樹上掛一個☵的圖像（圖1-1），就代表明天會下雨。」伏羲告訴老百姓，這是「2、1、2」（圖1-2），代表「下雨」。

這個「2、1、2」，就是人類所知道的第一個密碼。

（圖1-1）

（圖1-2）

伏羲得到了人民的信賴，並根據人民的需求，把「氣象預報」的工作逐漸擴大，推出了八種不同的卦象，演變成直到今日，我們所極為熟悉的八卦（圖1-3）。

（圖1-3）

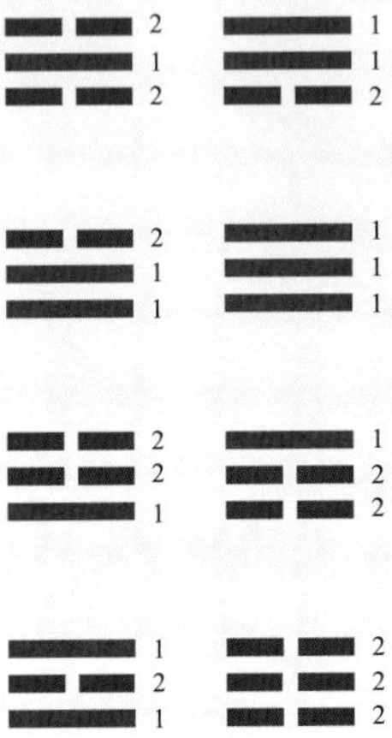

伏羲並沒有一開始就告訴大家：「這個是什麼、那個是什麼……」因為跟老百姓講太多，基本上是沒有意義的，所以，他告訴大家，只要記住幾個數字就行了，例如：「2、1、2」代表下雨；「2、1、1」代表打雷；「1、1、2」代表颳風；「1、2、1」代表失火等等，跟今天的電腦完全一樣。打電報也是利用相同的原理，給一組數字，對方就會知道那是什麼意思。換句話說：中國人的數位化時代老早就展開了，我們今天不過是承續伏羲的方法一路走來而已。

最古老的漢字是根據圖像而來，所以稱為「象形」。原本是一個下雨的符號，一倒過來就變成了「水」字（圖1-4）。後人根據伏羲的八卦，慢慢地創作出許多文字。然而，伏羲造八卦的用意，是要告訴人類整個宇宙的狀況，讓我們知道如何適應宇宙、改善宇宙，而且這個工作，到目前仍在持續進行中。

（圖1-4）

後來，有些老百姓告訴伏羲：「你總教我們背這些數字，我們有時候也會搞錯，不如告訴我們它的道理吧！」伏羲說：「既然你們想知道其中的道理，那我就告訴你們。只要把這張圖（圖1-5）看懂，就能夠完全明白了！」

（圖1-5）

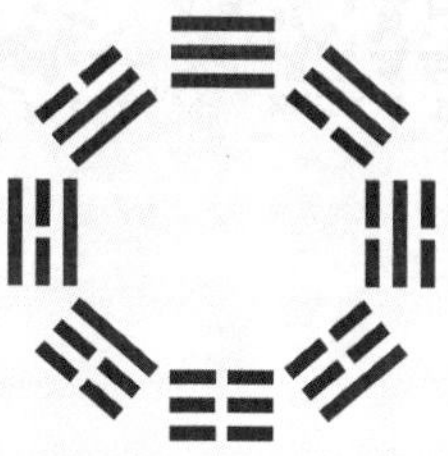

伏羲「一畫開天」與西方「大爆炸」學說

伏羲八卦是什麼？就是我們經常說的「無字天書」。我們從小就聽說過無字天書，伏羲八卦就是部無字天書。因為伏羲當年根本還沒有文字，所以《易經》整部書只有圖像，沒有文字。所有的文字都是後人慢慢加上去的，加到最後，整部《易經》也不過四千餘字。

沒有文字，就沒有框架，當人的思想不受任何局限時，便可以通天下、通宇宙。伏羲是把宇宙人生的道理完全想通後，才開始畫卦的。所以我們對祂那一畫，非常地恭敬，稱為「一畫開天」。《易經》是從開天闢地，也就是今日科學上所講的「大爆炸」說起，一直說到人類最後的狀況。直到今天，我們都還沒有完全把它展開，因此我們還有很長的路要走。今後人類世世代代，都要取用於這本無字天書，這是我們取之不盡、用之不竭的一部寶典。

伏羲畫八卦圖所用的三種方法，對我們中國人的影響非常深遠。

第一種方法為「仰視」。大家可能會以為仰視很輕鬆，頭一抬，就看到天上了。然而仔細想想，你就會發現，動物沒有權力仰觀天象，仰視是人類所獨有的能力。既然一切都有天象，為什麼我們不觀察？而喜歡憑空想像呢？

中國人很會「仰」，但是後來仰得不夠高，僅止於仰長官的臉色。我們現代人經常在看長官的臉色，就是眼光仰得不夠高，其實只要再仰高一些，就能觀天象了。如果長官的臉色跟老天的氣象是一致的，那你就可以照著去做，因為他合乎天理；如果長官的臉色跟老天的氣象不配合，你就要摸摸良心，考慮是不是要聽長官的話，這樣才合乎做人的道理。

第二種方法為「俯視」。整部《易經》都是從人身上看出來的東西。我們經常講「萬物皆備於我」，因為「我」就是一個小宇宙。自然中有山，人也有。人的山在哪裡？鼻樑就是山。宇宙所具有的元素，在我們自己身上全都找得到。所以做為一個人，真的很不簡單，千萬不要把自己視為動物。「人為萬物之靈」是周武王的名言，這樣的觀點，只有中國人想得出來。周武王看到自己的父親這麼有成就，把一部《易經》整理出來，就想到自己也要做點什麼，於是便發表：「人為萬物之靈」的觀點，喚醒了許多人。可惜也有些人聽了，仍然無動於衷。

第三種方法，用現代話說明，稱之為「廣角」。我們拍照時使用廣角鏡，就是要看得更廣更遠，不能只看一個地方。觀天象也是一樣，不能只看一個地方，要多看一點，四面八方都要看一看。要看得很「周」到、想得很「周」密，一點都沒有遺漏，這樣才能稱為《周易》。

《周易》的「周」字，與周朝並沒有直接關係，只是剛好周文王的朝代稱作「周」，所以大家才會作此聯想。其實，我們應該思考，周文王是精通易理之人，他不會把自家的姓，冠在一本書之上，這是犯忌的。「周」是很周密、很周詳，而且是周流不停，循環往復，且生生不息的，所以才稱之為《周易》。

伏羲為什麼畫卦？很多人認為是為了造字，推行文字教育，但事實未必如此。假如伏羲是為了造字而畫卦，那麼祂的成就便不高，與倉頡造字也沒什麼分別。倉頡與伏羲的成就是無法相提並論的。伏羲沒有造字，正是因為祂瞭解到整個宇宙系統都是圖像的、數字的。

一陰一陽，產生了宇宙萬象

伏羲八卦圖是由數位組成的，現代高科技的電腦，也是由數位組成的。因此有人說：「中國七千年前的伏羲，是電腦的鼻祖。」那麼，古老的《易經》和現代科學之間，究竟存在著何種關聯性呢？「0和1，構成了浩瀚無窮的網際網路。」這句話每個人都耳熟能詳，感覺很科學、很現代化，很能與國際接軌。其實，我們的老祖宗，早在七千年前就說過：「一陰一陽，產生了宇宙萬象。」

上述兩句話，意思一模一樣，只是用詞上的不同而已。然而，「一陰一陽」如果解釋成「一個陰和一個陽」，那就大錯特錯了，這麼一點點差別，就會產生許多流弊，因此，我們研究《易經》時，一定要把相關細節全部釐清，不要有任何的誤解和扭曲，以免辜負了如此一部極難得的、能解開宇宙人生密碼的寶典。

《易經》這部寶典，靜靜地存在於歷史的長河之中，你不理它，它不理你；你理它，它也不會拒絕你。然而，能從寶典中悟得多少，關乎個人資質造化，它幫不上忙，這才是真正的自然。

《易經》是完全根據自然所發展出來的一套系統。中國人所講的道理，都是取法於自然。我們一切向自然學習、以自然為師。凡是狂妄自大、「只要我喜歡，有什麼不可以？」的想法，是不合乎自然且不可取的。有人會質疑：「難道現代科學不可以持續發展嗎？」答案是：「當然可以。」人類非常需要科學，只不過西方人欠缺這種「用自然引導科學」的態度。我們要記住，一切事物的好與壞、對與錯，都要用「是否符合自然」的標準來檢驗。

二十一世紀為什麼是中國人的世紀？就是因為中國人開始要用自然的法則，來規範現代的科學，讓它走上正道，讓它協能助人類過著幸福安康的日子。

《易經》這部寶典是我們祖先辛辛苦苦創造出來的，但是中國人沒有申請智慧財產權，我們認為大家都可以使用，不需要收取任何費用，這才是做人的風範與度量的展現。

易經系統廣大包容，求同存異

伏羲原本用符號來預告天氣變化，後來漸漸發現，不僅僅是氣象，許多與生活息息相關的事物，都可以從中去推展、開發。

依照現代的標準，《易經》可歸類為「自然科學」。但我們知道，在孔子以後，這部書除了自然科學的部分，還延伸出「人倫道德」的觀念，兩者合而為一，才能夠完整表達出《易經》的思想。

現代人學習《易經》，有何實質意義呢？這個問題很重要，如果學了半天沒有用，何必把寶貴的時間，浪費在這部書上呢？其實《易經》妙用無窮，以下提出最重要的三點，供大家參考。

第一點，《易經》可以糾正我們很多似是而非的觀念。現今社會上有很多似是而非的觀念，使人們的腦筋混沌不清，可是我們卻不自知。例如，現代人非常普遍地認為「自信」是對的，但是，「人應不應該有自信？」這個問題不能用「應該」或者「不應該」來回答。

《易經》有言：「自天佑之，吉无不利」，這句話是包含「自信」在內的。但是中國人講「自」，只有：「自覺、自反、自省、自律」，從來沒有講過「自信」。現在年輕人太自我、太自信，一生都不會幸福的。因為，人有可控制的部分，也有不可控制的部分。可控制的部分是「操之在我」，但不可控制的部分則是「操之在天」，所以中國人的信心是「對老天有信心」，而不是「對自己有信心」——相信老天會保佑我們這種能自覺、自反、自省、自律的人，多拐一個彎思考：「如果老天不保佑我們這種人，那還保佑誰呢？」如此而已。如果把「老天」的因素去掉，只留下「自信」，那麼人就會變得自大、狂妄、過分自我，人際關係也會變得很差，什麼事情都做不好。現今有很多所謂的普世價值，其實都是有待商榷的，在學習《易經》之後，我們才能將錯誤觀念加以釐清。

第二點，《易經》有神祕性，也有道德性。有神祕性，是因為過去科學不夠發達，我們沒辦法用科學來解釋它，只好用神道來包裝它。現在科學發達，我們可以把《易經》裡的神祕性，用現代科學來詮釋，但是它的道德性，卻是無法被取代的。我們相信《易經》的道德性，將會在二十一世紀，得到充分的發揚。

第三點，《易經》求同存異的思想，是實現全球化的必經途徑。全球性是必然的趨勢，誰也阻擋不了。但凡是全球性的活動，都會有人強烈反對，因為全球化會引發很多人的不安，認為在全球化以後，本土文化就會消失殆盡。沒有任何一個地區，會希望自己的文化被消滅，因此，唯有像《易經》這麼廣大包容的思想體系，才能夠徹底的解決這個問題。《易經》提出「求同存異」的觀點——我們「求同」，但也「存異」，在尊重各地文化的前提下，從中找出一個最大公約數，轉化為世界大同的基因。求同存異的精神，正是《易經》在二十一世紀成為顯學的重要關鍵。

要瞭解《易經》，必先從「陰陽」入門，這是伏羲最了不起，也最難得的貢獻。對中國人而言，陰陽的觀念容易熟悉，陰陽的內涵卻不容易體會，所以接下來要說明「何為陰陽」？

易經的奧祕

何為陰陽

——陰中抱陽，陽中抱陰，生生而不息

【何為陰陽】

陰中抱陽，陽中抱陰，生生而不息

伏羲八卦圖透露出一個宇宙最基本的祕密：陰陽是構成宇宙萬事萬物最基本的元素。天底下的變化，都是陰陽的變化。陰中抱陽，陽中抱陰，宇宙才能生生而不息。

談到何為陰陽，我們可以舉出無數的例子，先從大家最為熟悉的說起。

當晴日朗朗，太陽高懸之際，一定屬陽。因為一出太陽，人就會感覺到心情愉悅，力圖奮發向上。陽是向外擴張的，天氣熱的時候，大家都會把四肢往外伸展，想多得到一點冷空氣。可是陰天下雨時，大家就會將身體蜷縮成一團，這樣才不致受寒。所以，往外張是陽、向內縮是陰。

樹芽和樹葉何者為陰，何者為陽？答案是：樹葉為陰，樹芽為陽。因為樹芽不斷在成長擴張，而樹葉卻是漸漸萎縮凋零。所以我們可以摘葉子，不能摘樹芽，摘樹芽是不人道的。

慢慢地，人們就把太陽稱做陽，把月亮稱做陰。想要知道什麼時候月亮圓，什麼時候月亮缺，就要看陰曆，不能看陽曆。陰曆十五那天，月亮一定很圓。一年有十二個月，也就有十二個十五，十二個月裡頭，哪個月的月亮最亮最圓？答案是八月十五。這個時候的月亮，就有一點陽的味道了，所以那天晚上，大家就很不安分，因為月亮不只會引動潮汐，還會牽動人的情緒。於是我們的祖宗，便將這天訂為中秋節，大家要吃月餅、要一家和樂，不能外出，這是非常明智的一種保護措施。

人體中的陰陽關係

我們觀察了自然，再回頭審視自己，那就更有意思了。中國人最喜歡以自然為師、向自然學習。白天是陽，晚上是陰，所以，一個人白天要精神好，要陽氣足，這樣才能好好工作；到了晚上，就要慢慢由陽入陰，讓自己冷靜下來，這樣才能好好睡覺。可是有很多人反其道而行，愈到晚上反而愈陽，這種違反自然規律的人，壽命一定不長。就如同現代科學過度違背自然規律，結果影響了人的健康。

天是陽、地是陰，能顛倒嗎？大概不能！人活著，就是還在陽間；人死了，便歸陰了。有誰說人死了是「歸陽」的嗎？應該沒有。死了就歸陰了，而活著就要陽氣十足，這也是很自然的現象。

手心和手背，何者為陽？何者為陰？手心是陽，手背是陰。陰陽是分不開的，如果不要手背，手心有什麼用？光要手心，手背也沒有用。手心手背都是肉，就表示陰陽歸一。我們平時教訓小孩都是打手心，沒有家長會打手背。打手心是愛護他，打手背是折磨他。因為手心的肉比較厚實，而且動得快，一打就可以縮回來，手背卻彎不了，打上去很痛。所以活動性比較大的是陽，活動性比較小的就是陰。沒有哪個人是手心動不了，手背卻可以動得很厲害的。

人的身體很有趣，我們的臉朝向哪邊，活動面就朝向哪邊，這是非常協調的配合。左右兩隻手，哪隻是陰？哪隻是陽？答案很簡單，慣用右手的，右手就是陽，比較笨拙的左手就是陰；慣用左手的，左手就是陽，右手就是陰。陰陽的概念是相對的。

還有更妙的，大拇指是陽還是陰？因為我們一隻手裡頭，只會有一根大拇指，所以大拇指一定是陽，而剩下的四根手指頭便是陰。依據陰陽往復、生生不息的道理，日後當我們有空時，可以反復地進行這兩個手指運動（圖2-1），經常把這兩個動作連起來做，就能夠帶動全身經絡，對身體健康非常有益。

為什麼頭是陽、腳是陰？因為頭只有一個，它是奇數，所以是陽；腳有兩隻，是偶數，所以是陰。《易經》裡的一切，都是向自然學習，沒有人為的操作。

慢慢的，我們就可以體會到：奇數就是陽，偶數就是陰。凡是成雙成對的偶數，例如2、4、6、8、10都是陰；凡是形單影隻的奇數，例如1、3、5、7、9都是陽。

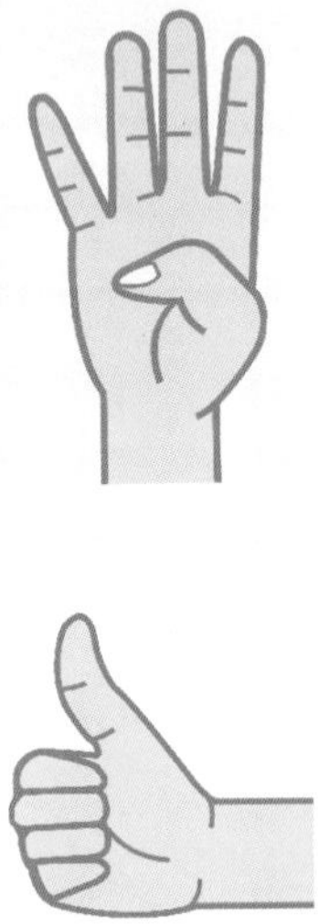

（圖2-1）

陰陽互抱，剛柔並濟

陰陽的關係，不但是相對的、變動的，而且也是不可分割的，這一點非常難理解，經常被遺忘，但人們卻是真實地處於這個相對變動的陰陽之中，只是現代人受了太多西方二分法的教育，強調一切都要黑白分明，不是對的便是錯的。然而，大自然如何分得清楚？白天跟夜晚，你分得清楚嗎？根本分不清楚！本來是白天，漸漸地天黑了；本來是黑夜，又漸漸地天亮了，這就是自然的過程，並不像開燈、關燈那樣分明。而且，今天天亮得晚些，明天天亮得早些，一年三百六十五天，天天都有些許不同，正如同世上的一切，都是無法決然分割的。

有真就有假，有假必有真，真真假假，虛虛實實，也是陰陽。當一個人反覆強調其所言之事為千真萬確時，其實也等於正在提醒你：「那不一定是真的！」因為說話的人心虛，所以才必須一再強調，否則根本用不著如此刻意。一個守信之人，不會標榜自己守信用，因為守信這件事，早已內化為他的生活習慣了；一個把「我從不騙人」掛在嘴邊的人，就是因為說謊成性，擔心被人一眼看穿是騙子，才會一再強調自己從不騙人。學習《易經》後，我們就能體悟到，陰陽是合一的、不可分割的，從而能兼顧人性的光明面與黑暗面，大概就不容易受騙上當了。

我們的大拇指，它是1、是奇數、是陽，但是它有幾個指節？答案是兩個，顯示出「陽中有陰」的道理（圖2-2），而且這個陰陽也是分不開的。人的大拇指能不能一節到底，不要兩節呢？當然不行！一節到底的大拇指不能彎曲，怎麼拿東西呢？正如同做人要剛柔並濟才好，不能剛到底，有柔才會剛，沒有柔，根本就剛不了，況且沒有柔，也根本不存在剛。

當我們伸出一隻手時，可以觀察到大拇指只有一根，是單數，屬陽；其餘四根手指頭是偶數、屬陰。然而，屬陽的大拇指，有兩個指節；屬陰的四根手指頭，各自有三個指節，顯示出了「陽中有陰、陰中有陽」的道理（圖2-3）。這樣的組合很奇妙，然而其功能卻是相輔相成的。試想，一個人如果沒有大拇指，騎摩托車要如何發動引擎呢？猴子不如人類靈光，就是因為牠的手指頭不夠靈活。所以當我們空閒時，只要多活動手指，就能讓全身活絡起來。人其實不必太操心、太忙碌，凡事只要合乎天理、順乎自然，身心就會很健康，就可以過著優質的生活，這才是《易經》的道理，它就在你的手中。

愈是深入瞭解，愈會發覺《易經》的奧妙無窮。

我們可以仔細數算一下一隻手有幾個指節？答案是十四個，而兩隻手加起來，一共是二十八個（圖2-4）。從人的小宇宙對應自然的大宇宙，天上的二十八個星宿，已全部都在你的掌握之中。俗話說：「秀才不出門，便知天下事」，就如同東方朔、諸葛亮、劉伯溫等歷史上的神人，只要掐指一算，便什麼都知道了，稱之為「袖裡乾坤」。其實這一點都不稀奇，只是沒有人把道理說出來，大家才會覺得很神奇，把道理一點破，就會發現其實很簡單。所以學習《易經》要先瞭解其中的道理，把道理搞懂了，就不會走火入魔，也不會被人欺騙，更不會吃虧上當了。

（圖2-2）

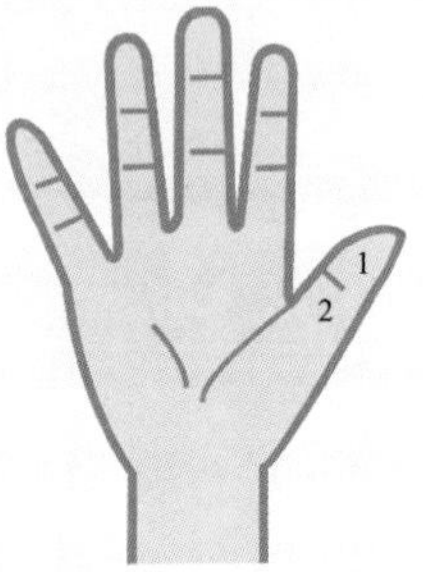

（圖2-3）

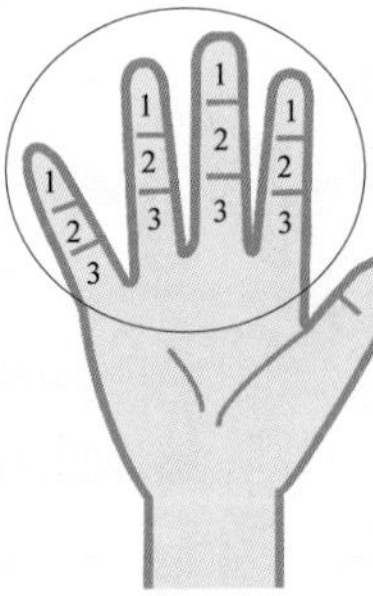

（圖2-4）

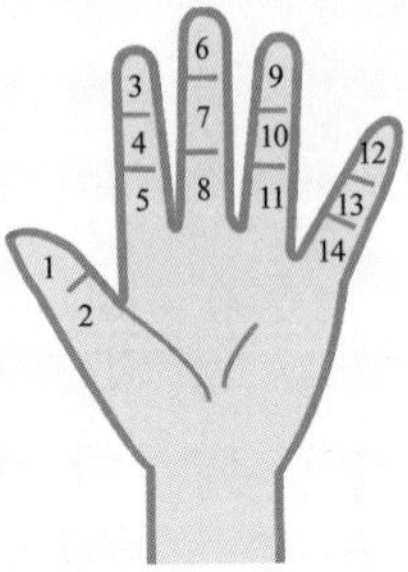

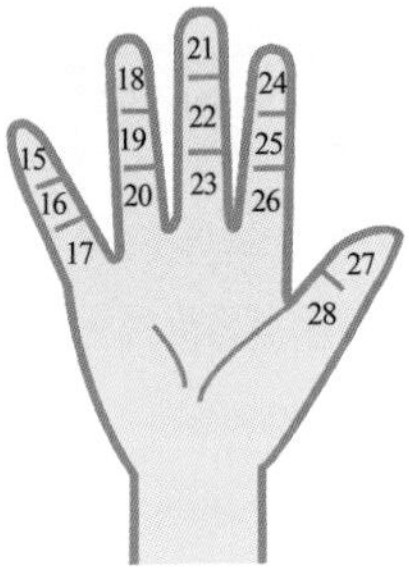

炎黃子孫所共有的生命基因

同樣是讀《易經》，從中出了不少君子，也出了許多小人。而且很奇怪，小人陰中有陽，還活躍得更厲害，使我們不得不防。《易經》一方面告訴我們：「害人之心不可有」，另一方面也提醒我們：「防人之心不可無」，這也是由陰陽所衍生出的道理。

中國人是全世界唯一同時講「兩面話」的人，我們講話經常是陰陽同時並存。嘴上說的這句話是陽，因為聽得見；心裡說的那句話是陰，因為聽不見。嘴上說：「不以成敗論英雄」；心裡說：「成者為王，敗者為寇」；嘴上說：「人同此心，心同此理」；心裡說：「人心不同，各如其面」。最妙的是，嘴上說：「禮讓為先」；心裡卻說：「當仁不讓」——那麼到底要不要讓呢？答案只有一個：「看著辦！」

讀懂了《易經》，你就可以完全瞭解中國人。儘管我們今天講了很多西方的話，講了很多現代人自以為是的話，但是都沒有用，因為有些東西是不會改變的，已經內化為我們血液裡的一部分，可視之為炎黃子孫所共有的生命基因。

陰陽是我們非常熟悉的觀念，但是陰陽的內涵實在是太多了，不容易完全體會，因此，此處也提出三個重點，敬供讀者參考。

第一，陰陽是相對的。如果沒有相對，你就不會知道何者為陰、何者為陽。頭是陰還是陽？如果以頭跟腳相對為前提，那麼頭就是陽、腳就是陰。有相對才有陰陽，不是絕對地說這個一定是陰、那個一定是陽。

第二，陰陽是會變動的。這也就解釋了為什麼陰陽是相對的。陰的會變陽，陽的會變陰。為什麼「一」那麼重要？因為九九還是要歸一，不論改變的時間多長久，終究還是會歸一的，因為「一」就是原點。

第三，陰陽是合一的。雖然陰陽是相對的、是會變動的，但陰陽又是分不開的，有陰就有陽，有陽就有陰，所以稱為「陰陽合一」。陰陽合一的思想，對中國人的影響極其深遠。我們凡事都是合起來想，很少像西方那樣分開來看。尤其是現在的分科教育，愈分愈細，分到最後支離破碎，以至於只有知識而喪失了智慧。雖然現代人疾呼「科技整合」、「全人教育」，卻始終功敗垂成，就是因為分科教育的特性本來就是「易分難收」。

西醫是分科的，醫師都是專才。病患想要就醫，得先過得了「掛號」這一關。櫃檯問：「你要掛什麼科？」這下糟了，病患又不是醫師，怎麼會知道應該掛哪一科？先掛個外科試看看，治了半天，才發現搞錯了，應該看內科才對，可是命已經沒了！

中醫是整合的，大夫都是通才。病患就醫時，大夫只需望、聞、問、切，就能正確找出病因，因為全身是一個不可分割的整體系統。而且更妙的是，中醫能靠針灸治病。我在英國留學時，很多英國同學一聽到針灸就害怕：「你們中國人怎麼拿針往身上亂插呢？」有些外國醫師還告訴我：「針灸是沒有道理的！」我問：「為什麼沒有道理？」他回答：「萬一針到血管，血不就流出來了嗎？」我告訴他：「我們不會針血管，也不會針骨頭、針肉，因為骨頭根本針不進去，針肉也沒有什麼用，我們專門針一種你們不懂的東西，叫做『經絡』。」他一聽到「經絡」就傻住了。因為他們即使關在實驗室裡解剖大體，從頭頂研究到腳趾頭，遍尋全身，也找不到經絡所在。因為經絡是人活著的時候才存在，人一死，氣門閉了，經絡也就不存在了。

有陽就有陰；有虛就有實；有看得見的就有看不見的；有摸得著的就有摸不著的。天上的飛機能隨便飛嗎？當然不可以！它們有固定的航道要依循。可是你能看見飛機的航道嗎？火車的軌道我們看得到，飛機的航道我們看不到。飛機的航道，只存在於飛航的當下，當飛機停駛時，航道也就消失了。這與我們身上的經絡是一樣的道理——飛機降落，猶如人結束了自己一生的旅程。航道會隨著飛機落地消失了，經絡也會隨著人的過往而不復存在。所以人不必堅持一定要「眼見為憑」，因為人的眼睛所能看到的事物，其實是非常有限的。

陽代表理想，陰象徵實踐

西方先進的科學技術，在帶動經濟快速發展了數百年之後，遭遇到環境污染、經濟危機等諸多難解的困境。於是，許多西方學者開始反思，提出向東方古老智慧學習的建議。就像中國人既熟悉又陌生的「太極圖」中，就蘊含著中國古老智慧的精髓，然而這張圖究竟代表著什麼意思呢？

伏羲看看天、看看自己、看看四面八方，有所領悟，因而畫出八個卦象。後人用心體會伏羲八卦，於是也畫出了一張圖（圖2-5）。這張圖是什麼？後人稱它為「太極圖」，或稱它為「兩儀圖」。這張圖告訴我們幾件事情：

（圖2-5）

太極圖

第一，它是圓的。為什麼要畫成圓的，不畫成方的呢？因為圓的東西容易活動。市面上所有的車輪都是圓的，如果有輪胎廠要標新立異，想把輪子改造成方型，其結果必然無法行駛。

第二，宇宙萬事萬物，都要追求圓滿，而非製造衝突。一個人的個性有稜有角，很容易跟他人起衝突，事情就不容易辦成，所以個性一定要圓。圓，就不容易傷害別人。然而，「圓」不等於「圓滑」，做人絕對不可以圓滑，而是要「圓通」。

第三，想要生生不息，就要陰陽互動。世界上不可能全陽，也不可能全陰，因為「孤陰不生、獨陽不長」。世界上只有男人，人類就毀滅了；世界上只有女人，人類也絕種了。所以有好人，就必然有壞人。壞人是殺不完的，好人也死不盡，這個世上永遠有好人，也永遠有壞人。我們必須面對此一現實，用理智指導感情，而不是活在過於理想化的完美世界中。慢慢的我們就會發現——「陽」代表著理想，人生一定要有理想；而「陰」代表著實踐，要腳踏實地，一步一腳印的努力。

談到這裡我們發現：天底下的變化，就是一陰一陽的變化。

陰陽究竟是一還是二？這是非常有趣的辯證。回答「一」也不對，回答「二」也不對，答案是「亦一亦二」——陰陽既是一，也是二。因為它必須能「一分為二」，又必須能「二合為一」（圖2-6）。上述觀念中國人很容易接受，但是外國人卻非常排斥。我們現在所欠缺的，是一分為二以後，不知道如何二合為一。我們走路，如果兩隻腳一起跳出去，那不是如同僵屍一樣？僵屍是歸陰的，所以才會兩隻腳一起跳（二為陰）；人活在陽間，自然是一隻腳、一隻腳地向前邁進（一為陽）。

（圖2-6）

一分為二
↓
亦一亦二
↓
二合為一

陰陽合一，如影隨行

「一在先、二在後」，同理「陽在先、陰在後」。但這句「陽在先、陰在後」，經常被曲解為「男尊女卑、重男輕女」，因此引發了諸多爭議與流弊。

在《易經》的陰陽學說中，天是陽、地是陰；男人是陽、女人是陰。在八卦圖中，純陽卦在上、純陰卦在下，於是便有人認為這象徵了「男尊女卑」，其實，這是對陰陽學說的錯誤理解。

天高高在上、地低低在下，這是事實。然而，單憑這樣的表象，就能證明天比地尊貴嗎？如果沒有地，天有何用？如果沒有天，地有何用？所以，天地是相對的、是整體的、是不能分離的。

陰陽是一體兩面，如影隨形。「陰陽合一」意指「陰中有陽、陽中有陰」，唯有如此，才能周流往復，生生不息。一個人脾氣剛烈、硬到底，結果只會活活氣死自己；一個人完全沒有個性、柔到底，生命必然失去朝氣。因此，中國人鍛鍊身體，很少像西方人那樣，刻意強調外在肌肉線條，而是強化體內五臟六腑，這就是「外柔內剛」的道理。

手臂伸出來，外面是陽、裡面是陰，所以外面敲得重一點沒關係，裡面千萬不可以用力敲，力道稍重，微血管就出血了。另外，手臂無論如何都要向內彎，向外彎就斷了。像這些道理都是很自然的，有陽必有陰，不可能兩面全陽，或是兩面全陰。

因為個人學《易經》比較晚，不像很多人十幾歲就開始學，所以我不主張死記硬背，萬一背錯就扭曲原意了。況且現代人大腦要記的事太多，要處理的事也多，整天拿來背書，其它事情豈不全擱置了？

《易經》是寶典，寶典就像字典一樣，是供人查閱的，要用時再去查，何必全記在腦袋裡呢？看久了、用多了，不必刻意去背也就記住了，記多少算多少，這才叫自然。中國人常講：「一回生，兩回熟」，只要記住它的道理，自然就能畫出卦來。關於畫卦，沒必要死記硬背，只要能領悟箇中道理，人人都可以畫出八卦圖。

太極生兩儀，兩儀生四象，四象生八卦（圖2-7）。太極「亦陰亦陽」這四個字非常重要——既是陰也是陽、既有陽也有陰。請牢記這句話：「陰陽永遠分不開，一分開就麻煩了！」

（圖2-7）

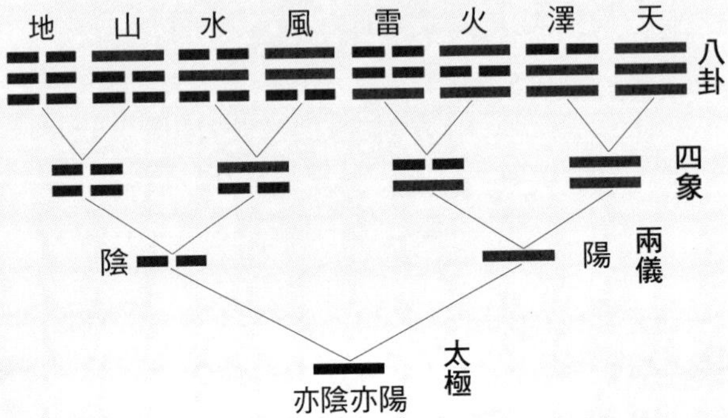

易經是諸子百家的總源頭

我們為何自稱「中華」兒女？是因為「太極」就是「中」，太極上面的部分就是「華」（圖2-8）。為什麼我們說：「萬變不離其宗（中）？」意思是：不論我們想要怎麼變都可以，就是太極不能變。「中」，就是要堅守中道。中國人歷經無數次的民族融合，都是以中道為核心標準。一個人不論外表是什麼模樣、什麼膚色、什麼血統，只要腦海裡沒有這個「中」字，即使外表長得再像中國人，我們也不會認定他是中華兒女，因為他的思想裡已經去「中」化了。

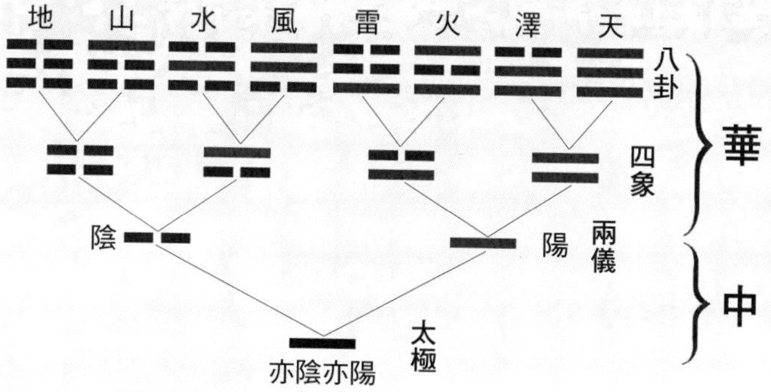

（圖2-8）

「中」就是「很好」的意思。不論你到天涯海角，不論你穿什麼衣服、過什麼日子，都不影響你做為中華兒女的一份子，關鍵在於你的腦海裡面，是否存在著《易經》這套系統。有些人認為：中國自封為「中」國，乃是基於夜郎自大的心理，認定自己處於全世界的中心位置。事實上，前述推論是不成立的。我們都知道，地球是圓的，誰也無法確定哪裡才是中心。我們絕不能單就字面去解釋事情。中國之所以稱做「中」國，是因為我們推崇「中」，中就是「太極」，太極就是萬事萬物的起始。

因此，諸子百家只有一個共同的總源頭，而那就是太極的根源——《易經》。若是沒能把《易經》的道理讀通，就去研讀諸子百家，經常會發生誤解。子曰：「吾道一以貫之」，這句話大家都很熟悉，然而，此處的「一」所指為何？答案就是「太極」。孔子所闡述的道理，都是緣於太極這個系統所一路發展而來的。

孔子的一貫之道是中，是仁，是太極。推而廣之，可發展出「忠」、「恕」等思想，而直指核心，就是一個「仁」字。其實「仁」就是「陰陽」——左邊的單人旁是陽，右邊的兩橫是陰（圖2-9）。一陽一陰就是仁，就是中，就是太極。

仁是萬物的核心，天地萬物都有仁。一顆果仁埋進土裡，它會發芽抽長，成為一棵茂盛的樹；一顆茂盛的樹，追根究柢，也就是憑藉著那麼一顆「仁」為根基而生長。

（圖2-9）

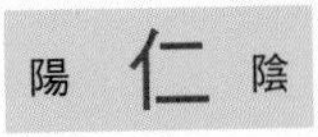

最古老的仁字是一豎兩橫（圖2-10），就是一陽一陰，左邊是陽，右邊是陰。其實很多中國字，都是與陰陽相關的。把陰（女）寫到左邊來，把陽（子）寫到右邊去，就是「好」字（圖2-11），代表男女好合。兩性和合就是仁，所以仁是做人的基礎。

（圖2-10）

陽 仁 陰

（圖2-11）

陰 好 陽

只有一個人的時候，不會產生矛盾，因為無人可與之對立，只能自謀生活，將心力投注於工作。當兩個人相處時，問題就發生了，就會開始計較，開始爭吵。人與人能否和睦相處、和諧共存，可追本溯源，從夫婦之道深入探究。儒家提倡的「五倫」首重「夫婦」，因為若是夫婦關係不佳，其他關係也很難和諧。一家人彼此之間，是以血緣關係相維繫，不是父子、父女，就是母子、母女，再不然就是兄弟姐妹，然而，睡在枕畔的配偶，卻是一家之中，唯一一位沒有血緣關係的家人。照理說，有血緣關係比較容易推心置腹，但我們卻專挑一位沒有血緣關係的人來袒裎相見，這是不是很奇妙的做法？其實，我們不妨想成這是老天在教導人類：「如果能跟這個沒有血緣關係的人相處融洽，整個家就齊了。」

這些道理，在接下來的章節中，都會詳加闡述。因為宇宙間的萬事萬物，都是源於太極，因此，我們接著要說明「何為太極」？

易經的奧祕

何為太極

——圓道周流、循環往復的宇宙觀

【何為太極】

圓道周流、循環往復的宇宙觀

據現代科學考證，地球是在宇宙大爆炸時誕生的，而七千多年前的伏羲，就已經發現了這個祕密。祂一畫開天，代表宇宙中的一切，都是從一個整體中所發展出來的。

「太極」是中國人非常熟悉的一個名詞，而這個名詞究竟從何而來？答案是由孔子所提出來的，因為在孔子之前，沒有人知道什麼是太極。

孔子極力主張「正名」，他認為：「言不正則名不順，名不順則事不成」，所以凡事都要先把名定好。孔子定名是很謹慎的，不會朝秦暮楚、見異思遷。自從孔子將「太極」正名後，兩千五百多年來，沒有一個人能改動它，表示「太極」這名字的確起得好。

太極就是「大極了，又小極了」！

何謂太極？「太」字由兩個部分所組合，一是「大」，一是「、」。「大」同於字面解釋，「、」

則代表「小」。所以「太極」的意思是：「大極了，而且又小極了！」。「其大無外」——大到沒有外面，夠大了吧？「其小無內」——小到找不到裡面，夠小了吧？孔子非常瞭解伏羲，所以他思索著：「世界上有件東西，大到沒有外面，小到沒有裡面，該如何正名呢？」最後讓他想到「太極」這個名字，實在是恰如其分，妙不可言！

試想，我們家裡面有一個人，大的時候非常大，小的時候非常小，這個人是誰呢？答案是「太太」。你說太太大不大？答案是：「很難講」。有時候她比誰都大，可是有時候她又比誰都小。所以當太太的人就要遵守分際，該大的時候才大，該小的時候就要小。廳堂之上，侍奉公婆時，太太最小；關起房門，只有丈夫時，太太最大——這才是會做媳婦的太太。該大不大、該小不小，大小分際一塌糊塗，這個媳婦就不夠稱職。

凡是有「太」字的詞，都有類似的意思。「太上皇大不大」？答案還是：「很難講」。皇帝敬重他，他就大，誰都必須奉承他；皇帝不甩他，他就小，誰都不會理會他。太上皇有沒有威嚴、說話算不算數，完全取決於皇帝。太監的命運也一樣。太監是大還是小？大名鼎鼎的太監李連英，除了慈禧太后之外，還有誰能比他大？然而也有很多太監，終其一生，都是讓人吆喝指使的。所以，今後碰到「太」字，要特別謹慎小心，因為它是可大可小的。

若以現代的說法重新詮譯，「太極」可視為宇宙萬物所共同生存的大平臺。這個大平臺由兩個部分所組成，一部分是「陽」的平臺，一部分是「陰」的平臺。這兩個平臺是「一而二、二而一，不可分割的」。有時候陰流動到陽，有時候陽滲透到陰，陰陽之間會互動共生、變動不居。因為唯有變動才有生命，才能生生不息。

孔子在《易傳》中指出：「易有太極，是生兩儀。」這個「生」字，用得非常巧妙，因為《易經》

是生生不息的一部經典，做為諸子百家總源頭的它，日後果然「生」出無數中國經典。

西方人不常用「生」，而慣用「分」。但宇宙總該有一個共同的點吧？如果沒有共同點，那所有東西都分割開來，如何能夠共同存在呢？動物跟植物有共同的點；人跟動物有共同的點；人跟石頭也有共同的點。這共同的點，用現代話說明，可喻為「基因」，而太極就是宇宙萬物萬象共同的基因。如果連一點共同的基因都沒有，就絕對合不來，一定會分道揚鑣，那麼宇宙就分裂了。

但宇宙是個整體，不可能分裂。宇宙有動物、植物、礦物，各式各樣數不清的物質，它們能夠和諧共處、井然有序，全賴此一共同的基因。全世界的科學家都在找尋這個共同基因，一開始找到了原子，於是就認為一切都是原子構成的，然而，這個結論很快就被打破了，陸續又發現在原子裡面，還有其它更微小的物質。

高明如老子，只用三句話「一生二，二生三，三生萬物」，便道盡了宇宙的生成原理。「道生一」，道就是太極，太極就是兩儀，一跟二是分不開的。西方一就是一，二就是二，他們採取一種「分」的態度，所以直到今天，都還找不到一個整全的東西，可見中國人「生」的概念，是極其高明超越的。

宇宙只有一樣東西：「自然」。我們從現在開始，當談論到「自然」時，不要加上「界」字。講「自然界」就錯了！因為自然沒有界。國有國界、地有地界，植物界、動物界都是合理的分類法，但自然是整體的，又何界之有？如果自然再分界，就表示自然之外還有別的東西，那是不可能的。除了自然以外，沒有任何東西是主宰！中國人相信天，因為天就是自然，而自然就是主宰。關於這一點，我們要感謝伏羲，因為這些都是祂所創造出來的。

變就是不變，不變就是變

伏羲熱衷於思考，祂觀察自然萬象，發現早晨時太陽從東方升起，黃昏時從西方落下，而且日復一日，天天如此。祂又觀察到月亮有陰晴圓缺，海水有潮起潮落，樹木有枯榮往復，於是聯想到宇宙萬象是有既定規律，而非偶然隨機的。

老子曰：「道法自然」，這是宇宙非常重要的真理，啟發我們在判斷是非時，要以「自然」做為最高評斷準則——凡是合乎自然，必定是正確的。即使當下看似錯誤，但終究還是會轉變成正確的。我們對吉凶的觀念也要取法自然，不能認定對自己有利的就是吉，對自己不利的就是凶，沒有那回事！《易經》裡所論定的吉凶，完全是以「是否順乎自然」為標準，吉就是順應自然、凶就是違背自然。

但吉凶是會改變的。很多事是你剛開始時認定非常有利，所以很樂意地投注心力。然而等進行到中途時，才發現弊端，這時想抽身也來不及了。好與壞，隨時在改變，正所謂「世事難料」、「禍福無門」。原本以為是平地，豈知一腳踩下卻落空了，這就是「變」。所謂變，就是難以預料，如果一切都在掌控之中，那又何變之有？然而，不變的當中會有變，變的當中仍有不變，所以變就是不變，不變就是變。

「塞翁得馬，焉知非禍？塞翁失馬，焉知非福？」禍、福通常都是事後才知曉的，事前很難預料。我們經常將「早知道」掛在嘴邊，可惜「早知道」就是「想不到」！伏羲的難得之處，在於當祂發現宇宙萬象都在改變之際，還能從中領悟到：變的當中，一定有所不變，而那就是規律，所以做人一定要規規矩矩，不能投機取巧。只有以不變的規律，對應萬變的福禍，才不會終其一生，都活在「早知道」的懊悔之中。

發現自然的規律後，伏羲接著思索：如果太陽一天一個、一天一個，每天從東邊升起，西邊落下，到底得有多少個太陽？是有那麼多的太陽準備在那裡嗎？會有那麼大的場所存放太陽嗎？這些問題讓伏羲感到困惑。後來，祂發現每天的太陽都是一樣的，於是便推論出：其實太陽只有一個，並非無數個。然而，太陽每天從西邊落下，又如何能從東邊升起呢？於是祂接著領悟到：原來宇宙是圓的。藉由伏羲的觀察，使中國人很早便能建立起「圓道周流」、「循環往復」等現代化的宇宙觀。

歷史會重演，人會不斷地犯同樣的錯誤，除非你剎車、除非你改變，否則就會這樣團團轉，在死胡同裡繞一輩子，不得其門而出！現代科學證明，所有的軌道都不是直線的，愛因斯坦研究後指出，連光線的路徑也不是直線的，而是曲進的。

道理是直的，路永遠是彎的。只會走直路很難到達目的地，因為自然的路徑，原本就是彎彎曲曲的。中國的大江大河都是由西發源、向東奔流，但沒有一條能夠筆直入海。河流彎彎曲曲，流速時緩時急，如此一來，人才有各種資源可以利用。山脈也不是筆直的，否則誰也爬不上去，它彎彎曲曲，如此一來，人才能順著山勢蜿蜒登頂。

天底下是沒有真正直線的。如果有機會到海邊散步，你會發現海平面也不是平的。這些道理，《易經》裡早有提示，例如「泰卦」卦辭「無平不陂」——天底下所有的平，都是不平所造成的。隨便哪一個湖，雖然湖面看上去是平的，但是依然有起起伏伏的波浪。水面一旦平了，就成為一灘死水，連魚都養不活。

天底下沒有任何事物是平的。同樣一對父母，生下來的孩子就是不盡相同，不僅高矮有別、胖瘦有分，連才華、性情、容貌都有所差別。《易經》啟示我們：「人本來就生而不平等，我們只是盡可能地追求後天的公平而已」，這才是符合自然的道理。

一生二，二生三，三生萬物

伏羲經過仔細觀察和認真思索，終於在宇宙的千變萬化之中，找到了大自然的規律，和一種代表自然的力量。祂開始思索，該用什麼方法，才能表示這種宇宙自然的力量呢？於是，伏羲細心地觀察老百姓的日常生活——當孩子首次出門捕魚，帶回了一條大魚時，全家人非常歡喜，想要紀念這難得的一刻。可是，當時既沒有照相機，也沒有文字，如何留下這榮耀的見證呢？於是，做爸爸的就拿根棍子做記號，表示這是孩子所捕獲的魚數量，當下次再捕獲時，就可以繼續追加。伏羲覺得這個方法很好，於是就畫了一道「⚊」。

這個「⚊」是什麼？就是代表了宇宙的一切自然力量。我們把它稱為「一畫開天」（圖3-1）。

（圖3-1）

一畫開天

然而，一怎麼會生二呢？「一生二」，是表示一是二生出來的，還是二是一生出來的呢？其實這兩種解釋都對。把「⚊」不斷地拉，拉到斷了，就是「⚋」，發現不對，再把「⚋」接起來，又是「⚊」。一本來就是二，二本來就是一，何必非要劃清界限呢？

我在倫敦讀書時，有一位攻讀數學系的朋友，好不容易學期尾聲，只要口試過關，就能拿到博士學位。口試當天，我們很關心他，就前去旁聽。其中一位審查教授問他：「1＋1到底等不等於2？」他心想：「我好歹是快要拿到數學博士的人，怎麼會問我這麼簡單的問題，其中必定有詐！」於是他就站起來，寫了整整一個黑板的數字，最後證明出「1＋1不等於2。」數學是的確可以證明出1＋1不等於2的。但萬萬沒想到，那位審查教授站起來說：「1＋1就是等於2。」然後，我這位朋友一切的努力就此化為烏有，攻讀了八年，什麼都沒有得到！我告訴他：「你沒有讀過《易經》，所以你拿不到博士學位，換成我，保證拿到了。」他半信半疑：「真的？」我說：「不要洩氣，我給你一個提示，往後你就知道該如何處理這類問題了。任何人問我：『1＋1是不是等於2？』，我會回答：『1＋1在正常的情況下是等於2的，但是在某些特殊的情況之下是不等於2的，你如果要我證明1＋1等於2，我就證明給你看，你如果要我證明1＋1不等於2，我也能證明給你看。』對方一定馬上說：『不必了』，學位自然就拿到了。」

天底下的事情沒有絕對不可連貫的，因為我們事前根本不知道對錯，往往都是事後才知道的，這當中有太多的波折。

伏羲知道，世界絕對不是如此單純的，所以祂感覺到，太陽既然會從西邊下山，又從東邊升起，其中一定是有兩股力量，一股把太陽拉下去，一股讓太陽升起來。後來，祂發現果真如此，有一股力量把水拉上來，叫「漲潮」，就有一股力量讓水退下去，叫「退潮」。水還是一樣的水，本質並沒有改變。漲潮時近處多了遠處少了；退潮時近處少了遠處又多了。所以伏羲就知道，光靠一種力量是不夠的，於是他把「⚊」從中間折斷，一分為二，就變成了「⚋」。

最後，伏羲是從人類身體，得到陰陽最強而有力的定論。因為那時還沒發明衣服，人們都是赤身裸體，讓伏羲發現了男人與女人的最大區別，就在於生殖器的差異。男人的生殖器就像是一條線，它是陽的；而女人的生殖器有缺口，它是陰的。男陽是「⚊」，女陰是「⚋」，這兩個符號就此確定下來，再也沒有改變過。世上的萬事萬物，全都出自於一陰一陽的變動，道理再簡單不過。

人不可以投機取巧，而是要隨機應變

伏羲透過觀察自然，觀察人類自身，一畫開天，創造出了代表陰陽的符號，又根據陰陽合一、陰陽相對、陰陽互動的變化，創造出了八卦。那麼伏羲這些偉大的創造，難道僅僅是憑著大腦所想出來的嗎？答案是肯定的，一切的一切，都是想出來的。

如果跟西方人說：「一切都是想出來的」，他們可能聽不懂，非得把主詞加上去——「一切都是人想出來的」才行。和中國人說話就不必這麼麻煩，大可言簡意賅、點到為止，說：「想出來的」就好，若加個「人」字，我們反而會在心裡嘀咕：「這個還用你說嗎？世界上只有人會想，你還加『人』字做什麼呢？未免太小看我了！」所以跟中國人講話很簡單，說：「倒杯茶來」，茶就倒來了；你跟老外說：「倒杯茶來」，他會問你：「誰去倒？倒給誰？倒什麼茶？什麼時候倒？用什麼東西倒？」等他問完，你已經渴死了。

孔子教學是從來不拖泥帶水的。《論語》裡都是幾句話，看似沒頭沒尾，例如「知之為知之，不知為不知，是知也」，其後便不再贅言冗語。很多人以為這句話的意思是：「知道就說『我知道』，不知道就說『我不知道』，這就是『知』的真義。」——然而，若真做此解，未免太小看孔子了。知道就說知道，不知道就說不知道，那整本《論語》不全都在講廢話嗎？「知之為知之，不知為不知」的意思是：「就算你知道，如果問你的人不該知道，你也不能說你知道。要按照不同的人，給出不同的回答。」

我曾在孔子的家鄉曲阜，聽過一則有趣的故事，內容的真實性則無從考證。

有一天，孔子的學生在門外掃地，來了一個過路客。

過路客開口便問：「你是誰啊？」

學生回答：「我乃孔門弟子。」

過路客又說：「你是孔子的學生？那太好了，我一定要考你一個問題。」

學生心想，來者是客，便恭謹的答：「是。」

過路客問：「一年是三季還是四季？」

學生心想，還以為過路客要出什麼難題，結果居然是這種生活常識，於是便立刻回答：「當然是四季啊！」

想不到，過路客嘆了一口氣說：「唉！你真的是孔子的學生嗎？一年只有三季！」

學生不甘示弱：「您錯了，是四季！」

過路客說：「這樣好了，如果一年是三季，你向我磕三個響頭；如果是四季，我向你磕三個響頭。」

學生想，自己是穩贏的，於是馬上答應過路客的要求。這時孔子經過，學生就趕忙請教：「老師，一年到底有三季還是四季？」

孔子看了一下過路客，然後笑著答：「三季。」

學生當場傻住，但為了尊敬老師，不敢回嘴，只能乖乖地向客人磕三個響頭。客人很高興的走了，學生這才問老師：「一年明明有四季，您怎麼說三季呢？」

孔子回答：「當你發問時，我沒有立刻回答，因為我很懷疑，怎麼可能有人會問這種問題？一看，那個過路客根本不是人，是隻蚱蜢精。蚱蜢這種生物是春生秋死，從來就不知道有冬季。以牠的觀點而言，一年只有三季才是正確的。所以我回答三季，他不會吵鬧；回答四季，肯定是有理說不清。你吃點虧，磕三個頭，無所謂啦！」

故事的真假不是重點，留給專家考證即可，我們所要關心的，是這個故事能帶來什麼啟示。很多朋友在聽了故事以後，變得更愉快、更豁達：「以前遇到不講理的人會生氣，可是現在不會了。只要把他們歸類為『三季人』，還有什麼好惱怒的呢？」

當情緒不穩定，想要發脾氣時，你就假想對方是「三季人」，立刻就能心平氣和。這個世界上，到處充斥著「三季人」，愈是不懂事、講話愈大聲；講話愈大聲、愈是不懂事。如果真有本事，何必先聲奪人？如果真有才學，何必咄咄逼人？

上述故事，正如《莊子．秋水篇》中「夏蟲不可語冰」的道理一樣——面對一隻夏生秋死的蟲，卻妄想與它談冰論雪，豈不糊塗！或許有人質疑：「四季變三季，這不是見人說人話、見鬼說鬼話嗎？」如果拿同樣的話問孔子，孔子必然回答：「理當如此！當你見人時不說人話，豈不鬼話連篇？當你遇到鬼時不講鬼話，又該如何溝通？這絕對不是投機取巧，而是隨機應變。」

一陰一陽之謂道

太極圖又稱為陰陽圖，是後人根據伏羲八卦所創造出來的。那麼，「陰陽」和「太極」是不是同義複詞？陰陽和太極的關係究竟如何？此處有一個觀念非常重要：「陰陽都是太極變化而成的，陰陽離不開太極，太極也離不開陰陽。」我們反覆強調此一觀念，就是因為有很多人把陰陽視為兩個不同的東西，用二分法劃定出這是陰、那是陽，這種思考方法非常不智。陰中有陽、陽中有陰，陽極就成陰，陰極就成陽，它是同一個東西在不停地變化。

關於陰陽，中國人有很精闢的見解。《易經・繫辭》中指出：「一陰一陽之謂道」。也可以用「一分為二，二合為一」，或「一就是二，二就是一」來詮釋。

「一就是二，二就是一」要很小心地去理解，因為「一就是二」，並不是「一等於二」，這是完全不一樣的意思。所以，最好的說法是「亦一亦二」——「也是一，也是二」，這樣的詮釋就比較周全。

然而，現代人聽到「亦一亦二」這種說法，又會覺得含糊不清、模稜兩可。其實，宇宙間何嘗清楚分明？誰能保證明天一定出太陽？連受過嚴謹訓練的科學家都無法擔保。氣象預報說明天溫度很高，於是你穿很少就出門了，結果回來卻感冒了，能怪誰呢？機器非常精密、專家非常認真、測量非常準確，然而，一到緊要關頭，氣象局卻預測：「明天天氣晴時多雲偶陣雨」——那麼，明天究竟是晴天、陰天還是下雨天呢？答案是：「沒人說得準。」因為天氣本來就是變化無常的，既然承認一切都是變化無常的，為什麼還要強求「一定」呢？

同時種三棵樹，能保證它們同等成長嗎？即便是同一塊土壤、同一位栽種者、同樣的細心培育，結果有兩棵樹發芽抽長，另一棵卻了無生機，能怨天尤人嗎？自然本來就是變化的。但是，變化的背後，卻有一個不變的真理，而那個不變的真理，伏羲已經幫我們找出來了。

中華民族信仰什麼？答案是「信仰老天」。我們動不動就喊：「老天爺！」，全世界只有中國人跟「天」最親。天是什麼？天不是神，天不是上帝，天就是自然。

動物是自然的一部分，不能離開自然；人也是自然的一部分，同樣不能離開自然。所以我們得到一個很重要的標準——要分辨孰是孰非，端視它合不合乎自然。凡是合乎自然便是正確的，不合乎自然，即使當下看似正確，遲早也會變成錯誤。

從現在開始，我們要把自然視為最高的判斷標準。合乎自然的，大可放心去做。不合乎自然的，是不是就不去做？不全然是。因為如果把「做」跟「不做」分開來看，就不是懂《易經》的人了。《易經》是從來不分開的，說「不做」就表示要「慎重去做」，而不是放棄不做，《易經》裡從來沒有「放棄不做」這種主張。

凡是人工的，都要考慮合不合乎自然。但是注重自然，並非排斥人工，這是非常重要的概念。一般人習於使用「二分法」思考問題——誤以為既然一切要講求自然，便得完全捨棄人工。如此一來，豈不是連房子都要拆掉了？社會不斷進步，就會產生許多人工物質。自然並不是維持現狀，而是生生不息、日新又新、創造再創造。因此，我們在做人工的事情時，要特別謹慎小心，檢視它合不合於自然。如果發現有不符合自然之處，便要儘快修改，抱持這種謹慎小心的態度才合理。

太極生兩儀，千萬不要把它分開來看，認為這個是太極、那個是兩儀。太極裡面就包含了兩儀，兩儀只是暫時分開，終究要合而為一的。

太極生兩儀之後，產生無窮的變化。接著要探討：太極如何生兩儀？八卦又是從何而來？當瞭解這些基本原理後，要深入《易經》的奧祕就會變得更加容易了。

易經的奧祕

何為八卦

——開枝散葉，生生不息的大家族

【何為八卦】

開枝散葉，生生不息的大家族

八卦所代表的，本是地球上的八種自然現象，但是為什麼天被稱作「乾」，地被稱作「坤」，水被稱作「坎」，火被稱作「離」，雷被稱作「震」，風被稱作「巽」，山被稱作「艮」，澤被稱作「兑」呢？

太極生兩儀，兩儀又如何生八卦呢？當中自然有其過程，而不是跳躍式地前進。所有事情，只要是自然的，幾乎都有其連續性，不會突然中斷。即使表面看似中斷，暗中還是連續的。伏羲當年發現宇宙有一定的規律，同時，也認知到世界上絕對不是只有一股力量，如果只有這一股力量，那就太過單調了。這當中有兩個看起來相反，實際上卻相輔相成的力量，稱為「陰、陽」，所以「一陰一陽之謂道」，道就是一陰一陽。

一陰一陽，經常被誤解為「一個陽、一個陰」，其實不是這樣，而是「有陰有陽，才是一陰一陽」。如果陰是陰，陽是陽，完全分道揚鑣，這個世界就分裂了。

我們經常看到一對父母所生出來的小孩，女兒多半像爸爸，兒子多半像媽媽，這是造物的奇妙之處，目的是為了使「男不要太男，女不要太女」，否則，男人愈來愈男人，女人愈來愈女人，最後就會演化成兩種人類，一種稱之為「男人類」，一種稱之為「女人類」。現代科學證明：男性的體內存有女性荷爾蒙，女性的體內也存有男性荷爾蒙，這並非「不男不女」，而是男性應該有一些陰柔的氣質，才容易體貼他人；女性偶爾也要陽剛一些，才不致過於柔弱。

兩儀生四象

宇宙萬物都是有陰有陽，而且是無從分割的。舉一天的氣溫為例，我們早上起床，太陽已經出來了，這時候還不會感覺熱，因為天上的太陽雖然是熱的，但是熱能還沒有完全傳導至地面上，所以此時大地還是冷的，下冷而上熱，所以早上稱為「少陽」（圖4-1）。到了中午，熱能已經完全傳導至地面，上熱下也熱，便稱為「老陽」（圖4-2）。

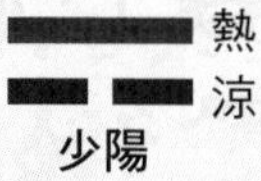

（圖4-1）

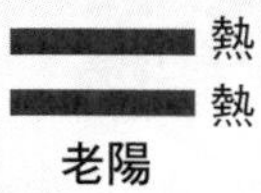

（圖4-2）

中國人最為窮通宇宙變化的道理，懂得要採取陰的方法來對付陽。一天當中有兩個時段，人體的變化最為急劇，一個是上午的11點到下午1點，也就是日正當中之際，我們稱為「午時」。人在午時最好不要大量活動，以安安靜靜休息為宜。所以在中午用餐後，可以適量小睡片刻，但以二十到三十分鐘為宜，以免夜間失眠。午休後精神充沛，就要起來工作，此舉不但可提高工作效率，也有益於晚上休息。然而，現在有些上班族，是利用午休時間上健身房，此舉並不養生，卻蔚為風潮，推究其原因，便是因為不懂陰陽的道理所致。

到了黃昏時，我們可以感覺到，雖然地面溫度還很熱，但是天空已經轉涼，那是因為夕陽的熱量已愈來愈稀薄了，下熱而上冷，所以黃昏稱為「少陰」（圖4-3）。到了晚上12點，天空和地面的溫度都冷卻下來，上冷下也冷，便稱為「老陰」（圖4-4）。所以，老陰的時刻，我們一定要注意保暖，蓋上被子。

（圖4-3）

（圖4-4）

現代科學證明，晚上11點到凌晨1點，是人體造血機能最旺盛的時候，也是一天當中，人體變化最急劇的第二個時段。基於陰陽與養生的道理，我們最好能在晚上11點前就寢，躺在暖暖的被窩裡，如此人體才能健康。若是此刻還埋首於工作之中，對身體健康是非常不利的。

一天當中，依四象劃分，從早晨開始，由少陽轉向老陽；正午以後，老陽慢慢轉向少陰；黃昏到半夜，少陰又轉變為老陰（圖4-5）。

（圖4-5）
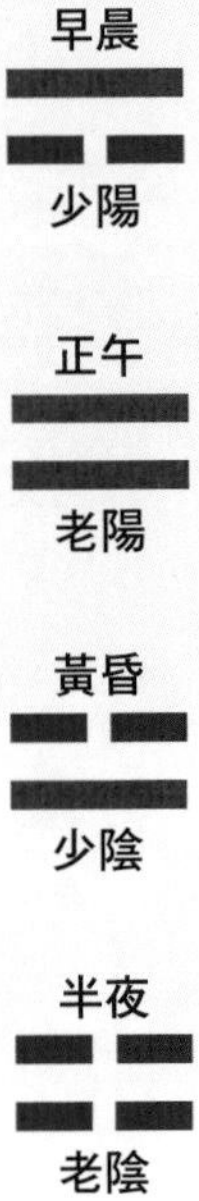

一年四季，也可以依照四象劃分，春天是少陽、夏天是老陽、秋天是少陰、冬天就是老陰。其實不論何種層面，都可以用「太極生兩儀，兩儀生四象」（圖4-6）來看待所有的變化，這是《易經》最了不起之處。如果人人瞭解陰陽變化的道理，自然懂得如何保護身體，如何以正確的方法生活。

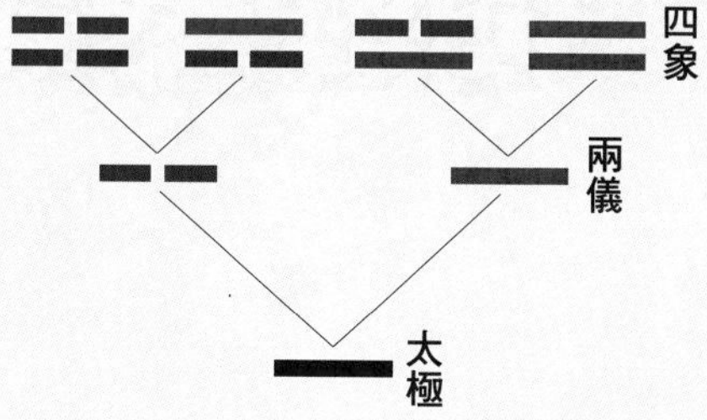

（圖4-6）

四象生八卦

太極生兩儀，兩儀生四象。然而，四象並不是好現象，因為它太穩定了。所以伏羲認為，宇宙絕對不是四象就可以決定的，因為四象是動不了的。如果潮汐只是每天周而復始地漲落，宇宙還有什麼變化呢？我們登山時，偶爾會在山上發現許多貝殼。會有人那麼笨，把海裡的貝殼挑到山上去嗎？不會！科學家研究後證實，很多高山原本只是深海裡的一部分，隨著地殼的劇烈變化，突然間隆起，變成了高山，所以山上才會有貝殼出現。低的地方會變高，高的地方會變低；沙漠會變綠洲，綠洲會變沙漠。隨著地球暖化，過去鮮少有農作物的冰島，可耕地已日益增加，這就是自然的變化。禍福無門，吉凶難料，一切都在變動，所以世事無常，這是大家都非常熟悉的道理。既然如此，過於穩定的四象，就不可能是宇宙的全貌，因此伏羲又悟出四象還會繼續發展的道理。

每一象都有陰陽，老陽（⚌）上面加一個陽（⚊），就變成了「☰」；老陽（⚌）上面加一個陰（⚋），就變成了「☱」。少陰（⚍）上面加一個陽（⚊），變成了「☲」；少陰（⚍）上面加一個陰（⚋），又是另外一種圖像「☳」。四象上面分別加陰（⚋）或加陽（⚊）之後，就會形成八種不同的變化（圖4-7），一個也多不了，一個也少不了，這種方法在數學上稱為「排列組合」。太極生兩儀，兩儀生四象，四象生八卦，這是非常自然的一種變化。

八卦符號乃從自然中取象

要瞭解《易經》，必須善於運用我們的想像力。如果不運用想像力，只是觀察事物具體的表象，是很難瞭解《易經》的。因為《易經》是一部由符號所構成的龐大系統，我們根本無法完全把它視為具體的實物。

八卦是一套非常美麗、非常整齊的符號系統，我們要瞭解八卦，必須積極運用自身的想像力。伏羲生活的時代，沒有現在的高樓大廈，沒有飛機，甚至連風箏都沒有，祂如何教導百姓這八個基本卦呢？我們可以假想當時的情況：伏羲先把「☰」畫出來，告訴大家這個代表「天」。百姓中一定有人好奇：

「為什麼『☰』代表天？」伏羲告訴大家，回去看看自己的孩子是如何畫天的，自然就能明白了。

從古至今，任何人不論是否學過畫畫，如果想畫天，大概都會畫出三條弧線（圖4-8）。因為天有三個特點：第一，天是覆蓋的，從地的這一頭覆蓋到那一頭，所以我們一定會畫一條很長的弧線；第二，天是多層的，它不是薄薄的一層，而是一層又一層的，所以我們不會只畫一條，一定會連續畫三條；第三，

（圖4-7）

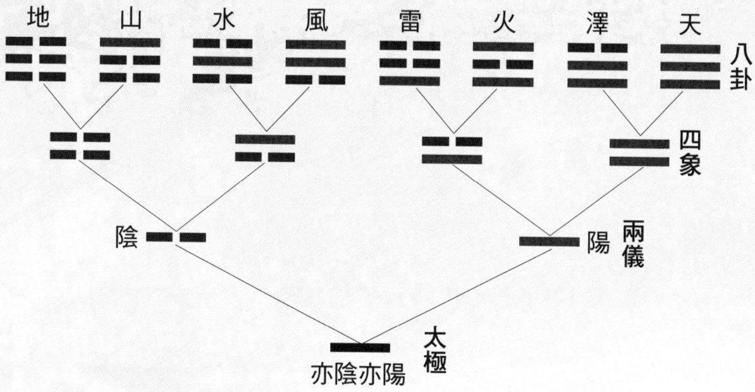

天是不中斷的，我們不會說：「那是你家的天，這是我家的天。」所以，天是全面覆蓋的、天是多層次的、天是不中斷的。

我們可以想像，最初伏羲畫天的時候，就是這樣畫的。三條弧線後來慢慢演變成有規律的三條橫線「☰」，那就代表天。

天會有三種可能的變化：一種是天上面起變化；一種是天空中起變化；一種是天底下起變化。伏羲把這三條線分別代表上、中、下（圖4-9），祂首先把最下面的陽換成陰，表示天下面動。

伏羲問大家，天下面動代表什麼？那時候沒有高樓大廈，天下面能動的就是樹木。樹木搖動會給人什麼感覺？我們會說：「樹木搖了」嗎？應該不會。看見樹木搖動，我們通常會說：「風來了」，所以天下面動就是風（圖4-10）。天下面動，本來是樹在搖動，但是樹在搖動是具體的象，而且跟我們沒有很密切的關係，所以要把它抽離出來，換成代表跟人類有密切關係的自然現象，那就是風（☴）。科學只會說「樹在搖動」，很少會說「風來了」。可是人類比較重視感覺——風來了，要添衣服；樹搖動，與己何干？科學與《易經》的差別就在於此。

（圖4-8）

（圖4-9）

（圖4-10）

天空中動，那是什麼？是鳥嗎？不是。

你告訴別人：「一隻鳥飛過來了」，大家頂多看一眼，不會有什麼感覺，也不會認為是天空中動。

什麼東西在天空中動，會引起大家的注意？答案是「火」（圖4-11）。以前森林常會有野火，火一燒起來，濃煙密佈、烈焰沖天，大家遠遠望去，彷彿天空中著火了一般，而且能感受到火勢蔓延，所以會格外小心提防，躲得遠遠的。所以天空中動就是火（☲）。

天上面動，這就比較難想像了。伏羲的時代沒有飛機，也沒有人造衛星，祂如何得知天上面動的是什麼呢？人類實在太聰明了，我們到池塘邊觀察，就會發現，天的倒影在水波之下，水的波浪在天的上方。這種天光雲影之美，在狹窄流動的河面上，是不容易見到的，必須在開闊而平靜的湖澤上，才能清楚地倒映出來。因此，天上面動指的不是水，而是澤（☱）（圖4-12）。

（圖4-11）

☲ 火

（圖4-12）

☱ 澤

伏羲問大家：「天畫完了，地該怎麼畫？」這時候，有一位聰明的路人甲回答：「地跟天基本上是一樣的，也是極廣大的、覆蓋的、多層的，所以同樣是要三畫。」雖然路人甲的觀察是正確的，然而，地與天仍有所區別。天是連續的、沒有界線的；地卻是斷裂的、有界線的。現代國與國之間有國界線，村與村之間有村界線，甚至家與家之間都有戶界線，楚河漢界、涇渭分明。所以三條連在一起的橫線是「天」，三條各自斷開的橫線是「地」（圖4-13）。

（圖4-13）

☷ 地

寬厚是地最特別的優點。即使人類把有毒的物質埋入土中，地也只是默默承受，從不發言抗議。所以地的特性是「厚德載物」——怎麼做都可以，只要不過分就好。

地和天一樣，也有下列三種可能的變化：地底下動、地當中動、地上面動。

地底下動是什麼呢？某甲認為是地底下的蟲子，但是蟲子對人有什麼影響？某乙說是打雷，可是有人反對，認為雷是在天上打的。伏羲問大家：「如果雷只是在天上打，我們人會怕嗎？不會，好像放鞭炮一樣，反而會感到高興。但如果雷直接打下來，讓人覺得地底下在震動，人就會害怕了。」大家一致認同，雷一打起來是天搖地動，不但打到地上，還打入很深的地底下，整個地彷彿都要裂開了，就好像有一股力量要從地底下衝出來。所以打雷時，大家通常都會感覺到地底下在震動。人類不怕天搖，就怕地動。最後大家都同意，地底下動是雷（☳）（圖4-14）。

地當中動，大家就很容易想像了。大地當中，有一條條的水脈，一直川流不息，綿延不絕，那就是河，也就是水，所以地當中動的是水（☵）（圖4-15）。

「水」的造字，便是根據水流的形象而創造出來的。後人從伏羲的八卦中，演化出許多的中國字。然而，伏羲畫八卦的用意並非造字，而是要告訴人類整個宇宙的狀況，讓人類知道該如何去適應、去改善。

（圖4-14）

雷

（圖4-15）

水

水（☵）是一個陽，進入到兩個陰的中間，其實大家不難聯想，這個卦本身就是男女交合的象——兩個陰象徵女性的生殖器，當中的陽象徵男性的生殖器，這個卦是很具象的。有人認為西方人對「性」很有研究，我個人不以為然。中國人很巧妙地把生物性的「性」，轉變為文化性的「性」，這才是中華文化最了不起之處。以親密舉止為例，中國人明白那屬於動物性的行為，情侶間想要卿卿我我，就得避人耳目，找個偏僻之處而為之，因為我們已經不是動物，而是一個有文化的人。

中國人把男女之間的性行為，視做一種文化的行為，而不是動物的行為。我們為什麼要這麼做？難道我們是偽君子，刻意要如此嗎？當然不是！我們往往認為，動物只要想交配就交配，其實錯了，動物一年之中，老天只准牠們交配一次、兩次或三次，次數是有限的。動物是完全聽天由命的，發情期到了，不交配也不成；發情期過了，想交配也不得。人類則相反，老天給人類極大的自由，但如果人想交配就交配，那天下豈不大亂了？所以，既然老天給人類自由，讓人類創造，讓人類自主，那麼，人類就要自律，就應該管好自己，不能性氾濫。

有一天，孟子回到家裡，看見妻子衣服沒有穿好，就很生氣地訓斥她。孟母為兒媳婦說情，表示在家裡頭沒有關係，但孟子卻執意堅持，他認為這是非常重要的倫理問題。孟子的觀念，對中國人的影響極其深遠。夫婦只有在臥室裡才是夫婦，一旦出了臥室，角色就不是夫婦，而是父母的兒子、公婆的媳婦、孩子的爸爸和媽媽。為人父母者，不可以在未成年的子女面前擁抱、接吻，或做出親密的舉止，這才符合中華文化的規範。

伏羲又問大家，「☶」是什麼？立刻有人回答：「是地上面動」。可是地上面會動的東西太多了，什麼才會引起人類注意？答案就是「山」（圖4-16）。因為當時山是地面上隆起的最高之處。

然而，山也會動嗎？山當然會動，山動就稱為「走山」。山一直都在不停地動，只是動得很緩慢，幅度比較小，平常我們很難感覺到，所以才說「不動如山」。

（圖4-16）

經過伏羲這麼解釋，百姓們都很高興，一路背頌回家：「三條連續的橫線是天（☰），天下面動是風（☴），天空中動是火（☲），天上面動是澤（☱）；三條斷開的橫線是地（☷），地下面動是雷（☳），地當中動是水（☵），地上面動是山（☶）」，而這也就是八卦符號的起源（圖4-17）。

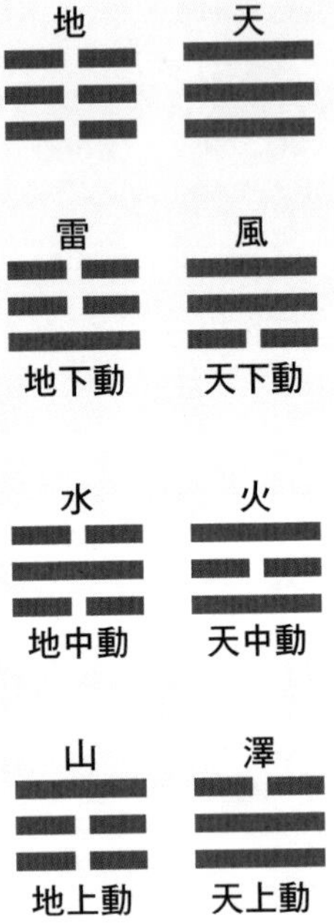

（圖4-17）

將八種自然現象，對應八種人文現象

八卦的名稱，最早完全是從與人類生活密切相關的八種自然現象中提取出來的，然而，如果總是用這些很具體的東西來象徵，那八卦的作用就不大了。我們的古聖先賢非常高明，把這八種自然現象的特性萃取出來，將八卦由原來的「天、地、水、火、雷、風、山、澤」，轉變為「乾、坤、坎、離、震、巽、艮、兌」（圖4-18）。這八種特性，正好對應八種自然現象，所有與人類相關的事物，都離不開這八種特性。

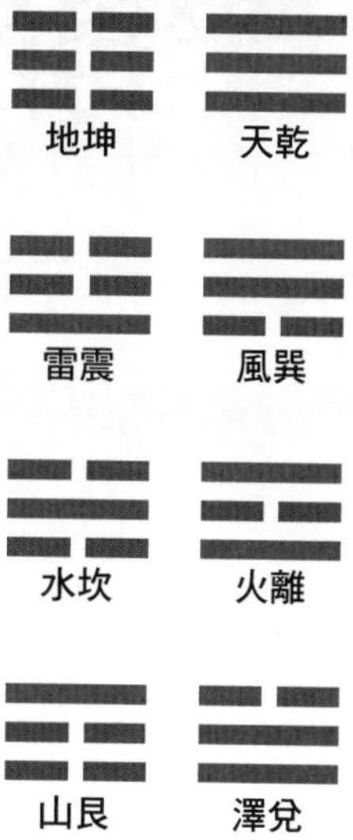

（圖4-18）

天為什麼會變成「乾」呢？因為天最重要的特性是「健」（天行健）。「乾」者「健」也，它可以不停地往前、向外去發揚。換句話說，天是最具有創造力的。常言道：「天生萬物」，宇宙萬物都是上天生成的，還不夠有創造力嗎？天之所以有此種創造力，正是因為它剛健自強、永不停息。

而地為什麼會變成「坤」呢？因為「坤」有「柔順」之意。地非常柔順，最沒有意見，最懂得配合，所以把地稱為「坤」。

天離我們很遠，讓人覺得高遠而崇敬；地在我們腳下，讓我們有種踏實的感覺。可是一碰到水，大家就知道那是很危險的。水可以解釋為沒有泥土的陸地，所以我們把水稱為「坎」。

「坎」這個字拆開成兩半，右邊是「欠」，左邊是「土」，意即「缺少土」。人是不能離開土的，一旦「欠土」，人就會很危險。所以中國人經常用「坎坷」、「坎險」，來形容命運的不順利，便是從水的特性中所得到的啟發。

人生其實就像流水一般。中國人的民族性，完全是向黃河學習的。水流得很平靜、很順暢時，是沒有聲音的，然而一旦碰到阻礙，就會咆哮了。水是很可愛的，沒有水我們無法生存，但水對人類而言也是充滿坎坷的，它隨時會帶來很多災難。一旦把「坎」的道理想通，人生就能豁然開朗。

火稱為「離」，這就更有意思了。火就是「太陽」，太陽每天一從東方升起來，就要開始離開東方了。太陽每天的工作，就是離開東方、跑到西方，所以火的特性就是「離」。火一定要依附在別的東西上面才能燃燒，一旦離開附著物，火就熄滅了。我們要生火，一定要有柴，柴一燒光了，火也就隨之熄滅。消防隊要撲救森林火災時，都會挖出一條隔離溝，將火區隔離起來，使火勢侷限在一定的範圍內——只要火在裡面，不燒出來，就不至釀成大禍，用的就是這個離卦。

山為艮，此卦非常重要。「艮」就是要人「適可而止」。做任何事情，都要懂得適可而止，不要過分奢求。我們登山時，爬累了就要休息一下，不能一味硬撐，否則還沒到山頂，人就虛脫了。爬山要慢，這樣才能欣賞美景，爬山快，那就變成挑夫了。所以，有些事情要求快，有些事情卻是慢一點才好。

開汽車的人，不會去欣賞風景，即使沿途好山好水，也全都視而不見。那是因為駕駛者整天只知道開車，忘記汽車只是交通工具而已。騎自行車的人，就能看見四周的風景。走路的人，除了能駐足欣賞之外，還可以照張相、畫幅畫，更加自由自在。

現代人總是強調快、快、快，我覺得很奇怪。該快要快、該慢要慢，這才是《易經》的道理。該準時要準時，不該準時為什麼要準時？若我明知對方準備要罵我、要打我，我還準時過去挨打討罵，那我不是傻瓜嗎？孔子說過：「我們只對講信用的人守信用，不可以對小人講信用。」可是一般人都誤以為：「對任何人都要講信用。」那是很奇怪的原則，試問：「對小人講信用，又何用之有？」

八卦中最有趣的，就是把風稱為「巽」，把澤稱為「兌」。

風是無孔不入的。太陽還有照射不到的地方，可是風不論哪裡都吹得進去。而且風吹起來很一致，沒有任何偏私不公。凡風吹過的地方，所有的草都會隨風而順。凡是很一致，而且無孔不入的，我們就把它稱為「巽」。

澤為什麼是兌呢？當我們來到清澈的池邊，通常會感覺到心曠神怡，因為池塘邊多半有些樹木，景緻很美，令人賞心悅目。「兌」加上「心」，就成為「悅」。什麼事情最令人喜悅？就是別人給你一張支票，居然兌現了，這時候當然會很開心。

易經的原理是生而不分

《易經》雖然很古老，卻與中國人的生活很貼近，因為我們活在《易經》的道理中，隨時隨地都在活用它。《易經》廣大精微，無所不包，可以淺白也可以深奧，萬事萬物皆能寄情寓理於其間。然而，古往今來，不論學者如何探索研究，也都只是讀通了它的一部分，而且只是一小部分。

我必須要說明，《易經》的思想體系，並不完全是伏羲一個人所創造的，中國人幾乎所有的東西都是集體創造的。而且我也不相信是到周文王時，才將八卦重卦為六十四卦的。周文王當年是七進位制，還不是十進位制，所以文獻記載他被紂王囚禁了一百天，實際上是囚禁了四十九天。以前數字的意義，與我們現在的不完全一致，所以《易經》裡講「三」，不一定就是三，它可以代表「多數」；講「十」不一定是十，它可以代表「許多」。

現代人認為，任何數字都要講求精確，然而此種觀念有待商榷。應該精確時，就要一絲不苟、一分不差；不需要精確時，要求非常精確，徒然浪費成本、耗損時間，最後落得一無用處。請問：「台灣現在有多少人？」標準答案是：「天曉得！」這才是真正的事實。在問答的當下，就有好幾個人出生，也有好幾個人死亡，如何要求精確統計呢？當有人問：「你身上有多少錢？」時，能回答：「不知道」的，肯定是很有福氣的人。如果有人能精確回答：「我口袋裡有一千兩百二十七塊錢，其中有一張一千的、一張一百的、兩枚五十元銅板、兩枚十元銅板、一枚五元銅板、兩枚一元銅板。」那這個人真是勞碌命，福氣很薄。一個人記住這些做什麼呢？記得再清楚，也不會多出一塊錢！但是當會計、出納的人，帳目一分一毫都要記得清清楚楚，不能推說自己不知道。當董事長、總經理的人，若是還要知道今天倉庫裡有多少存貨，最後一定會活活累死，下屬也沒有辦法做事情了。因此，高層只要掌握大略數目，基層則要愈準確愈好，彼此各司其職，也是《易經》所帶給我們的啟示。

在明白「太極生兩儀，兩儀生四象，四象生八卦」的道理後，還要特別注意「生」這個關鍵字。生而不分。如果認為是「太極分兩儀，兩儀分四象，四象分八卦」，那就完全錯誤了！《易經》的原理是「生」——父母生了兒女之後，父母都還是存在；我手裡有一百塊，分你五十塊，分他五十塊，我就連一塊錢都沒有了。「生」和「分」是完全不同的概念，「生生」才可以「不息」，但是一「分」，就必然有人會受到傷害。中國人提倡「分中有合，合中有分」，分到好像沒有分，沒有分又好像有分，這才是最合乎自然的。

在對八個卦義有了基本的認識之後，我們接著要探討：伏羲為什麼要畫八卦圖？

易经的奥秘

八卦成圖

——為人類找到居於天地間的合理定位

【八卦成圖】

為人類找到居於天地間的合理定位

傳說當年伏羲坐在一座高臺上，仰觀天象，俯察地理，思索多日，終於畫出了先天八卦圖，而這座伏羲畫卦台則一直保留至今。八卦圖的定位，能帶給我們什麼人生啟示？我們又該如何在現代社會中，找到自己的正確定位呢？

過去中國人出遠門，不論是移民或做生意，通常都會帶著兩樣東西：一個是祖先的牌位，另外一個就是八卦圖。

八卦伴隨著中國人跋山涉水，就連人跡罕至的北極，也可以看到八卦亭。換言之，只要看到八卦亭，就表示曾經有中國人來過此處。八卦與炎黃子孫，有著難分難解的關係。然而，八卦究竟從何而來，有著什麼樣的用途，卻始終是一個謎。

不過，如果大家把中國地形圖拿出來檢閱，很快就能發現，當年伏羲是按照中國的地形，來分配八卦位置的。我曾尋訪伏羲畫卦台，那是一處非常難得的地方。站在畫卦台中央，面南而立，前方有好多山，連綿不斷，形狀就如同「天」的卦象般。後方同樣也是山，但它們是斷開的，形狀就如同「地」的卦象般。

再環顧四面八方，地形都很絕妙，而且有一條河流蜿蜒而過，恰好能把太極的兩儀形象具體呈現。

離伏羲畫卦台不遠之處，有個女媧洞。傳說中伏羲與女媧是同一個人，雌雄同體，有陰有陽。

很多人認為伏羲與女媧的傳說都是神話，這點我不反對，但是全世界所有的文化，都是從神話開始的。人類是進化的，這些神話的存在，背後只有一個目的，就是要解答宇宙人生的問題。實際上，所有的學問，都是為了此一目的而存在。然而，當民智已開之後，神話便不再能滿足人類的疑問，於是哲學便應運而生。哲學是從神話演變出來的，但是，後來哲學也無法滿足人類的需要，科學便於焉產生。而哲學家多半會參考神話，因為哲學和神話是一脈相傳，不可分割的。哲學比較重視問題，而不是答案。所以哲學家對答案不是很有興趣，他們最重視的是：「人從哪裡來？死後往何處去？活著要做什麼？」這三大生命問題。

每個人到了不同的生命階段，都會產生這樣的疑問：「我能活多久？我活著做什麼？死了以後會到哪裡去？」人之所以對死亡抱持恐懼，就是因為不清楚死後會往何處去。如果我們知道死後要去哪裡，還用得著恐懼嗎？應該不用。

八卦的定位方法

中國人常說：「一江春水向東流」，這是因為中國的大江大河，都是發源於西部地區，由西向東流。長江、黃河、瀾滄江等，沒有一條例外，所以西面為坎（☵）；太陽從東方升起，升起後就要開始離開東方，所以東面為離（☲）；中國的東南被海包圍，所以東南為兌（☱）；西北多山，所以西北為艮（☶）。西南多風，東北多雷，所以西南為巽（☴），東北為震（☳）。天在上，地在下，如果按照現在通用的上北下南的繪圖方式，應該是上為天，即北面為乾；下為地，所以南面為坤，也就是天在北，地在南（圖5-1）。

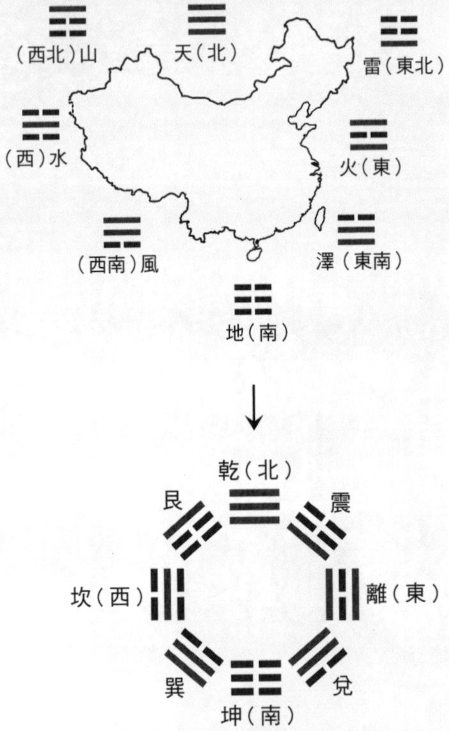

（圖5-1）

然而，當我們把伏羲的八卦圖（圖5-2），與按照現在方位所畫出來的八卦圖一對比，就能一目瞭然的發現兩者是不同的。問題就出在一句話上。我們現在看地圖，都是以「上北下南」為原則，所以我們畫出的八卦圖是「天在北、地在南」。但是中國人延續數千年的說法都是「天南地北」，不是「天北地南」。所以有人就認為中國人沒有地理概念，連方位都跟外國人不一樣。可是地球只有一個，怎麼會有兩種方位呢？那是不可能的。

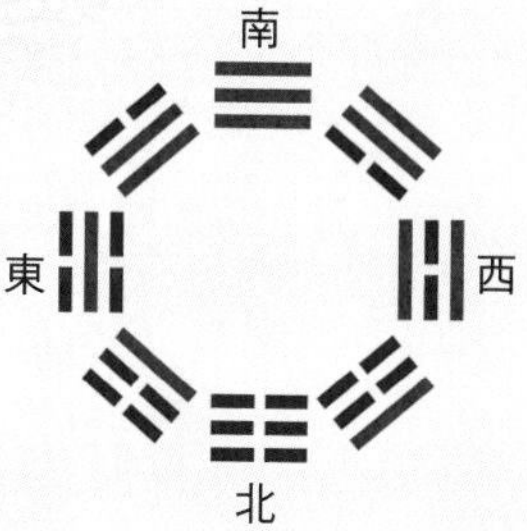

（圖5-2）

實際上，東西南北、四面八方，在繪圖上的方位都是相對的、變動的。但是，東西南北之間的相對位置則是一定的、不能改變的：如果北在上面，東就在它的右側；如果南跑到上面，東也要相對應地換個位置，轉移到南的左邊。

我們現在繪圖的方位是面向北方的，以北為天，以南為地，所以畫出來的地圖是上面表示北方，下面表示南方，左邊表示西方，右邊則表示東方（圖5-3）。而中國自古就有「向明而治」的說法，南方為光明之位，所以繪圖方向就是以面南而視為基礎的（圖5-4），也就是「南為天，北為地」。由此可以看出，古今兩種繪圖的差異，就在於天地（乾坤）的定位不同。

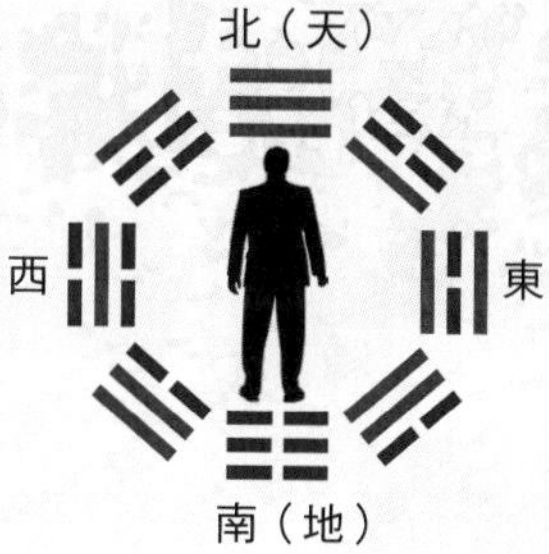

（圖5-3）

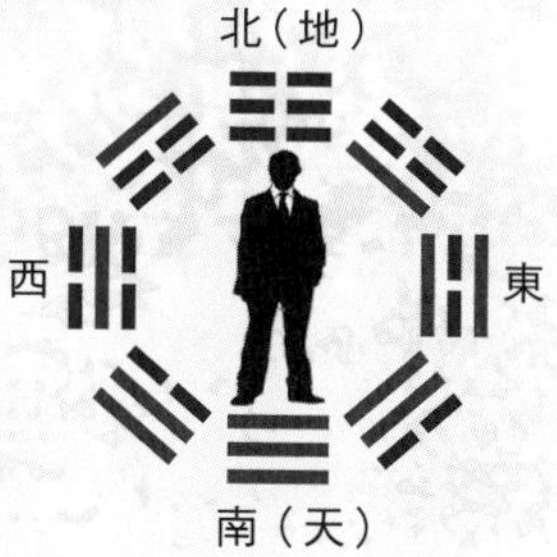

（圖5-4）

所以，我們只要把依照「上北下南」方位所畫出來的八卦圖，將乾坤對調（圖5-5），就能符合「天（乾）南」、「地（坤）北」的乾坤定位了。

（圖5-5）

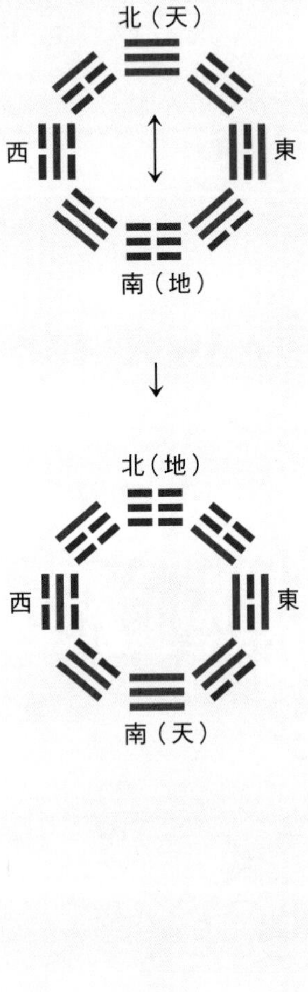

接著，再將各方位及對應的卦，依其相對位置一一調整，南和北、東和西、西南和東北、西北和東南全部對調，伏羲的八卦圖也就赫然呈現於眼前了。（圖5-6）

（圖5-6）

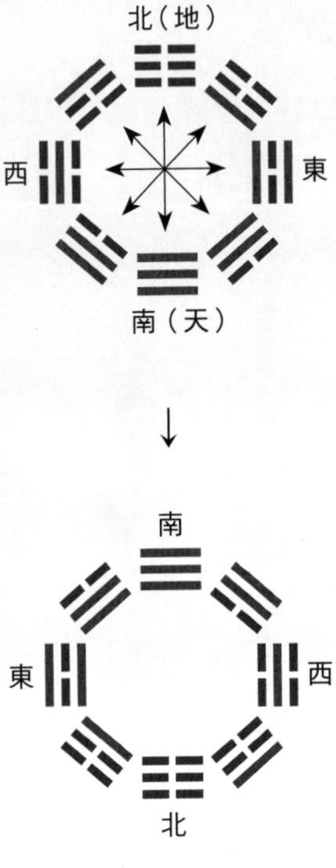

伏羲八卦以南為天，以北為地，所以中國人才會有「天南地北」的說法。如此一來，我們也就知道，為什麼孫悟空筋斗雲一翻上了天庭，就到了「南」天門，而不是「北」天門。

中國人的政治理想為實現教化

我們可以再深入探討，為什麼中國人的方位是「天南地北」呢？如果到過北京，不難發現那裡的的四合院，方位都是「坐北朝南」。因為中華民族是從北方發展起來的，皇帝背北而坐，眼睛望向南方，所有子民都能盡收眼底，其他什麼事情都可以不用多管，這樣我們就更容易理解什麼是「面南而坐、無為而治」了。

中華文化的一切，只為了追求兩個字——「教化」，而非「政治」。孔子提出的政治理想與主張，全都是為了實現「教化」的目的。如果不能達到教化的目的，政治本身就不具實質意義。古聖先賢之所以定位出「天南地北」，不是出於政治的因素，而是出於教化的方便。

台灣人買房子，也大多喜歡「坐北朝南」的方位，不僅冬暖夏涼，採光充足，還可以避免北風穿門入戶。所以還是歸結到《易經》的道理：「一切都要以自然作為評判的標準。」不論善與惡、好與壞、對與錯，都要以自然作為評判標準，合乎自然的就是善，不合乎自然的就是惡；合乎自然就是好，不合乎自然就是壞；合乎自然就是對，不合乎自然就是錯。

白晝烈日當空之際，如果要抬起頭面對太陽，一定會很辛苦，所以人白天都是低著頭，一方面是腦袋比臉部經得起曬，而且只有低著頭，才能專心工作。到了晚上，就要平衡一下，抬起頭去欣賞月亮。如果一天到晚都低著頭，那就駝背了。所以白天低頭低久了，晚上就抬頭看看天空，欣賞月亮，如此一來，陰陽才會平衡，而這些生活智慧，都是中國人順應自然所養成的習慣。

天南地北，整個位置互換之後，次序如下：乾一、兌二、離三、震四、巽五、坎六、艮七、坤八。連接八個卦的這條線，我們把它稱為「太極線」（圖5-7）。現代科學也證實，一切事物的發展都是曲進的。

（圖5-7）

所有的地都是起起伏伏的，所有的河流都是彎彎曲曲的，我們身體裡的每一個部位，甚至於每一根血管也都不是直的。人體為什麼會充滿美感？就是因為人的身上沒有一處是直線的。如果頭長得四四方方，連帽子都不能戴了。所以一個人要懂得欣賞曲線美，這也是太極給我們的啟示。

觀乎天文，以察時變；觀乎人文，以化成天下

拜現代科技發達所賜，人類終於能到太空旅行，從宇宙的另一端觀看地球。我們發現，地球所呈現出來的，都是美麗的曲線。可是當年伏羲畫八卦圖時，祂是無法看到這一切的，那麼，祂究竟是如何畫出八卦圖的呢？其實，伏羲是從仰觀天象開始的，現代稱為「天文學」，也稱「氣象學」。觀天象就是

氣象學，觀天文就是天文學。「文」有「花樣」的意思，天上的花樣就是「天文」。中國的天文學向來是領先全世界的。歷代朝廷中，都設有專門的大臣，負責觀看天象，以預知未來的吉凶變化，並作為執政的參考。《易經》有言：「觀乎天文，以察時變；觀乎人文，以化成天下」，因此，看天象並不是迷信。天象是天空中雲、霧、月亮、星星等各種變化。星星亮與不亮，哪顆是主星，哪顆是副星，這些都要留待專家研究，一般人最好不要妄加評論。

「觀乎天文，以察時變」，天象的變化是有徵兆的。中國人觀天文，主要目的是研究「時」的變動。《易經》裡最重視的就是時的變動，「時也，命也，運也」，時一變，人的命運也就會跟著改變。

時機成熟，就應當把握時機，立刻著手進行，否則時機一拖便錯過了，明明是好事，也會拖成壞事。同理，時機未到，因緣尚未成熟，即使傾盡全力也不見得能成功。所以《易經》教導我們，一定要守時待命。一切都準備好了還不能妄動，一定要守到時機來臨。時一到，馬上就出動，自然就能順利完成。時沒有到卻妄動，別人就會洞悉你的企圖，反而難以成事。

時已到，當機立斷；時未到，能拖就拖。不要認定拖延就是惡習，時沒有到，輕舉妄動反而後患無窮。「觀乎人文」，人文就是人世間的花樣，我們可以發現，人類是天底下花樣最多的，三天兩頭就有新花樣。「以化成天下」，這個「化」字，用得非常巧妙。有一次，我和一位日籍教授聚餐，席間他說：「曾教授，你知道中國人最厲害的是什麼？」以我的經驗，跟外國人打交道，最好先說不知道，才能聽到對方的答案，如果你說知道，就會一無所得了。因此，我回答：「不知道。」日籍教授說：「就是那個『化』字最厲害，一『化』，所有的人都比不過你們了。」回家後，我一直思考這個問題，終於想通了：中國人果然是「化」字厲害——大事化小，小事化無，化到最後就沒事了。

化，就是在不知不覺當中，讓大的變小，小的變不見了，這才是厲害。自然都是用「化」的，很少有大動作。一塊巨岩，慢慢地風化，化到最後變土、變沙、變塵，然後就消失不見了。化，體現在自然是「風化」，在人體是「消化」，在社會是「教化」。可惜的是，現代人經常背棄「教化」，而盲目追求「商業化」、「科技化」，製造出無數難解的環保問題、經濟問題、社會問題、道德問題等等，使人類面臨著極大的困境與威脅。

三畫卦的啟示

伏羲畫卦，祂怎麼知道畫到三畫就要停下來呢？我相信，只要是人，一旦開始就停止不了。當年伏羲畫了三畫卦之後，一定還會四畫、五畫，如此一直畫下去，而且千奇百怪的卦都會畫出來，這樣才符合人性。然而，伏羲最後還是決定用三畫卦來傳世，必定有其道理。

人類的文化基因是會遺傳的。目前很受歡迎的一項運動——拔河，我們的祖先早在六、七千年前就曾做過。為什麼會有拔河的遊戲呢？是因為在六、七千年前，人類尚未進入農業社會，仍是以狩獵維生，好不容易獵到一頭巨大的野豬，抬不動，只好用繩子拖回去，日後就慢慢發展成一個運動項目。我們參加拔河的時候，怎麼喊口號？會不會只喊：「一、一、一」？不會。我們多半都是喊：「一、二、三，一、二、三」，這個口號和三畫卦之間，有著非常密切的關係。

當喊「一」的時候，就是要看準目標，不要亂拔。這時候，我們通常會抬頭看天；喊「二」的時候，就是要站穩，稍微往下一蹲，就看到地了；喊「三」的時候，人就要發出力量了。簡單的「一、二、三」口號，兼備了「天、地、人」三才於其中，這就是自然對人類所產生的影響。

伏羲細心觀察後發現，仰觀有天，俯視有地，天地之間充滿了萬物，幾經思量，還是推舉「人」作為萬物的代表。伏羲體會天地之心，把人置於一個非常重要的位置，替人類做好了定位。

三畫卦最偉大的貢獻，就是為人類在天地之間，做了一個很明確的定位，所以，周武王才會道出「人為萬物之靈」的不朽觀點。然而，周武王的觀點，也招來無數西方人士的批評，認為中國人過於自大。其實，那純粹是認知上的錯誤。我們只是覺得責任重大，而不是夜郎自大。如果你感覺責任重大，就會督促自己要做得更好，成為名副其實的「萬物之靈」；如果你感覺自己很偉大，那就是自鳴得意，終究會淪為「萬物之賊」，而這也正是陰陽的道理。

陰與陽是一體的，天與地也是一體的。中國人說天，就涵括了地在內，所以「天、地、人三才」，日後就變成「天人合一」，那是因為天地是不可分割的，有天就有地，有地就有天。天發揮天的特性，地發揮地的特性，人居於天地之間，頂天而立地，要能整合天地的特性，使宇宙日趨進化，這便是人類責無旁貸的神聖使命。

伏羲的三畫卦，上畫為天，下畫為地，中間一畫則代表人，顯示出人在宇宙間的定位與使命。伏羲對天、地、人三才的認知，成為中國哲學思想的重要基礎，幾千年後所發展出的儒、道、法、墨、農等諸子百家，都承繼了這天、地、人三才的思想。經歷了漫長的歲月洗禮後，伏羲所創的三畫卦，依然深深影響著後代子孫，例如「三畫為卦」的原則，確立出中國人特殊的「三分法」思考模式。

我們可以從拔河運動的過程中，歸納出三點最重要的處事原則：一是方向，二是定位，三是行動。直到今日，所有的管理學策略，仍是以此為依據的——先確立長期目標，然後找尋市場定位，最後才展開實際行動。

中國人凡事都採三段式完成，很少延伸出四、五、六等繁複的步驟。我們習慣把空間分成上、中、下；把時間分成過去、現在、未來，舉凡生活中的大小事，都能運用三分法做有效規畫，執簡而馭繁。

當上司要教育下屬時，也可依循三分法的原則，做出簡明扼要的表達，而不是滔滔不絕，廢話連篇。

通常，當上司吩咐：「做這件事情，第一個要注意……」時，下屬必然是洗耳恭聽；接著說：「第二個要注意……」時，下屬還會仔細聆聽；再說：「第三個要注意……」時，下屬已經開始不耐煩了，心想怎麼這麼多要求，但仍勉強聽之。若是此時上司還不識趣，講完第三個，還要接著講第四個、第五個、第六個，此時下屬心裡一定不高興：「講那麼多，我哪記得住？乾脆通通都不記了！」

向來中國的領導者，都有一套化繁為簡的本事，能將原本複雜的事情，歸納為三個指令，使臣民易於遵守，稱之為「約法三章」。中國人迴避使用「四」字，其實與「三畫為卦」、「三分法」，有著淵遠流長的關連性，只是日後忘卻了本意，還以為是「四」和「死」諧音，而避之唯恐不及。殊不知，先人所傳世的禮法、經驗，大部分都是出於理性，卻因為後人的不明所以，才淪為迷信之屬。

一是陽，二是陰，三是變化。老子曰：「道生一，一生二，二生三，三生萬物。」三代表著「變化」，它並不是數字一、二、三的「三」，因為《易經》裡的數，並非固定地表示具體的數字。

一個卦，可以把它分為「上、中、下」，分別對應著「天、人、地」。

我們看「天」，是在觀察「時」的變化——看到太陽當空照，就知道是中午了。天所重在時，我們稱為「天時」；地所重在利，我們稱為「地利」。中國人選擇地點，會先考慮是否能夠住得安、站得穩。除非是貧無立錐之地者，否則沒有人會願意把房子蓋在斜坡上，因為那是很不利的，也就是缺乏地利。

有了天時、地利之後，還需要人和。人與人之間一定要合作，一定要組織團隊，一定要有共同的目標。

三畫卦上面是天，下面是地，兩者合起來是自然，當中一畫是人位（圖5-8）。人位有陰有陽，所以人可以是「萬物之靈」，也可能是「萬物之賊」。可悲的是，現代已經有愈來愈多人，不做萬物之靈，而做萬物之賊，恣意破壞自然、掠奪資源、滅絕物種、違背倫常，成為宇宙的頭號公敵。

（圖5-8）

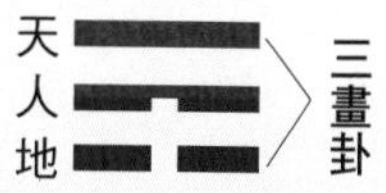

上為天，為陽。
下為地，為陰。
中間為人，有陰有陽。

重卦的啟示

伏羲居於人世之間，仰觀天文、俯察地理，創造出既簡單又寓意深遠的三畫卦。然而，在《易經》中一共有六十四個卦，每個卦都是六畫，而非三畫，其箇中原因為何？其實，任何事情都是有道理的，如果沒有道理就是不科學的。我們慢慢發現，天有陰陽，人有陰陽，地也有陰陽，如此一來，三畫卦就變成了重卦（六畫卦）（圖5-9）。正如前文所述「一陰一陽之謂道」是貫穿於宇宙萬事萬物的；此處所講的「天、地、人三才」也是不能被分割的。天有陰有陽、地有陰有陽，人也有陰有陽，如此才可稱為「一陰一陽之謂道」。

（圖5-9）

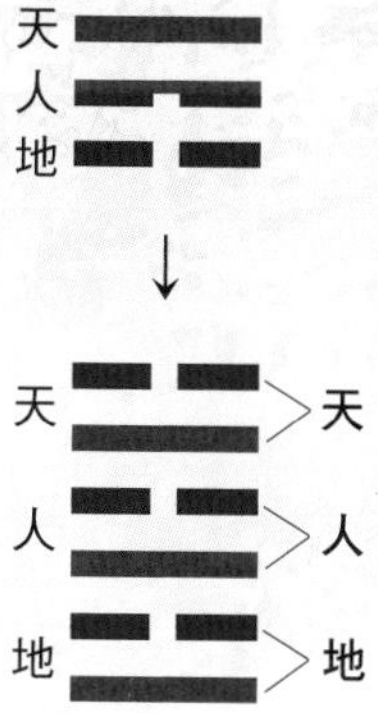

萬丈高樓平地起，重卦也是從下往上數的。

天有陰陽，地有剛柔，人有仁義。在六畫卦裡，「地」居於一和二，是恆常無為的。「天」居於五和六，也是恆常無為的。只有居於三和四的「人」（圖5-10），經常在製造破壞與紛爭，所以天地之間，只有人會做出「不三不四」之舉。

「不三不四」就是「不仁不義」。做為一個人，最需要的是仁義，而不是知識。人只有知識而不講仁義，後果是非常可怕的。

（圖5-10）

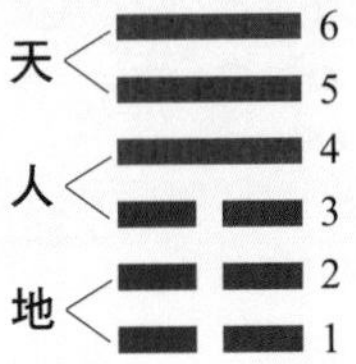

既濟卦（䷾）是《易經》裡的第六十三卦，表示「完成」的意思。但這個代表完成的既濟卦，並不是《易經》裡的最後一卦，反而是意謂著「開始」的未濟卦䷿，才是《易經》裡的最後一卦。

當一件事情完成的當下，也就預示著又有了新的開始，我們依然處於未完成的狀態，這才是《易經》的道理。

當你讀完一本書時，就要開始讀下一本了；當一部戲殺青時，就要開拍下一部了；當這餐飯吃飽時，就要準備吃下一餐了……只要活著還有一口氣在，人類就永遠處於未完成的狀態下，就永遠不會有成功的那一天。一個人讀通易理，就不會自欺欺人，就能明白何謂「成功就是失敗的開始」。

既濟卦的卦辭是：「初吉終亂」，意謂事情一開始時很吉順，最後卻落得亂七八糟的結局。就好比一個人在意氣風發之際，就管不住自己，開始亂講話，然後在慶功宴上種下災禍，得罪了許多人，周圍人士個個磨拳擦掌，準備要狠狠地修理他！這也應驗了「樂極生悲」的道理——當一個人歡樂到極點時，往往便是悲劇的開端。

有些人看到《易經》六十四卦裡，每個卦都有六畫，很自然地就會把「三畫卦」想成「六畫卦」。然後，開始有人想挑戰「三」這個數字，覺得三不如六，要「六六大順」才好。幸好我們的祖先很有智慧，認為上述的想法不正確，並指出「六」就是重疊了兩組「三」，所以我們後來把它稱為「重卦」，而不是「六畫卦」。

八個三畫卦兩兩相重，就能排列組合出六十四卦，這一切都是自然產生，並未經過刻意設計。例如我們把「坎卦」與「離卦」兩兩相重，就能排列組合出兩個重卦，分別是：「離下坎上的既濟卦」與「坎下離上的未濟卦」（圖5-11）。

同理，從八個三畫卦中，分別任取兩者，兩兩相重，做數學上的排列組合，最後必能得出六十四卦。正因為《易經》共計六十四卦，所以被稱為「滿卦」，六十四就是「滿數」。

（圖5-11）

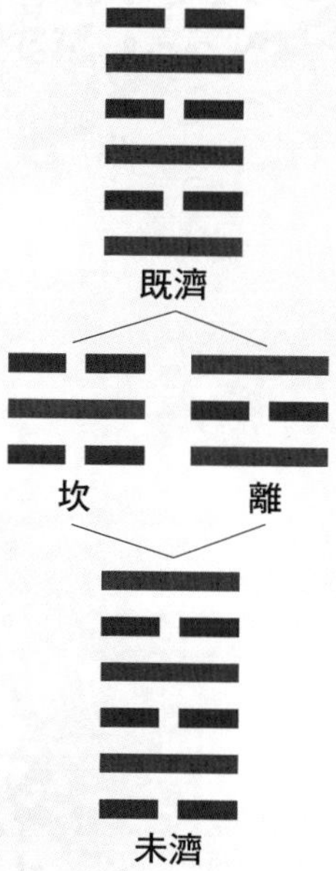

《易經》講求平衡，但平衡不是陽歸陽、陰歸陰，因為陽極就開始轉陰，陰極就開始趨陽，所以必然是有陰有陽、陰陽交錯，可是又不能齊平，齊平就不動了，不動就沒有變化，沒有變化就等同死亡。

就如同社會如果沒有矛盾，就不會產生變化，沒有變化就沒有發展，沒有發展就死路一條。又如同水如果停滯不動，魚就活不了；就是因為水有波動，才能夠養活魚。

因此，中國人還是以三畫卦一脈相傳，直到今天都還八卦高懸，很少講六十四卦。綜觀西方關於宇宙的學說，不論是創造論或演化論，其實都不夠整全。中國從太極到八卦是「創造」，八卦以後則是「演化」，創造和演化是同時並存的。自然把人創造出來之後，人就開始不斷演化，並不是每個時代都創造出不同的人。西方人只會「分」，卻不懂「合」：堅持創造論的，認為一切都是神造的；堅持演化論的，認為根本就沒有神，最後兩派爭得你死我活，卻仍爭不出事情的真相。

太極生兩儀，兩儀生四象，四象生八卦，這些都是創造。而之後的十六卦、三十二卦、六十四卦，則都是演化。在《易經》裡，無所謂什麼創造，無所謂什麼演化，它們是同時存在的。伏羲把卦確定為三畫，畫出了八卦，周文王將八卦重為六十四卦，後世一直沿用，這是中華民族的大智慧。

天、地、人三才中，天是「變易」，人是「交易」，地是「不易」（圖5-12），這也是自然產生的現象。天是變動得最快的，天象無時無刻都在變化，尤其是春季的天，說變就變。地是不變的，地一變，就會人仰馬翻。就像九二一大地震對自然而言，只是地牛翻身，對台灣人而言，卻是性命交關。因此，我們慢慢可以體會到「一切都要求新求變」，其實是非常危險的觀點。

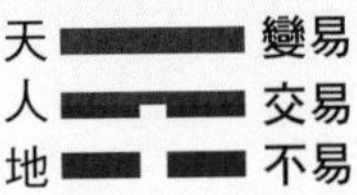

（圖5-12）

行文至此，已歸納出易有三義：「交易、變易、不易」。然而，一般學者也常援引東漢鄭玄在《易論》中，對《易緯・乾鑿度》一文所注解的三義：「易一名而含三義：簡易，一也；變易，二也；不易，三也。」其中，又有部分學者反對「簡易」，認為應該是「易簡」。為何《易經》會產生如此多的爭論呢？接著我們要探討：為何「易有三義」？

易經的奧祕

易有三義

——變易、簡易與不易的合理運用

【易有三義】

變易、簡易與不易的合理運用

易經也稱《周易》，最重要的關鍵字就是「易」。東漢鄭玄在《易論》裡，注解出易有三義：一是簡易，二是變易，三是不易。然而，《易經》如此神祕複雜，為什麼說它「簡易」？而我們又該如何理解「變易」和「不易」呢？

一般學者普遍接受「易」有三義：一是簡易，二是變易，三是不易的論點。既然我們已經進入《易經》的大門，從現在開始，我們看任何事情，都要依循「用陰陽的觀點、以自然為標準、做合理的判斷」這三大標準，來做全面性的思考。

簡易——化繁為簡、簡單明瞭

什麼是「簡易」？《易經》的道理看似神祕，但實則簡易，並且具有實用的參考價值。此處舉日常生活中，每天都要使用的筷子為例，幫助大家明白簡易之道。如果家長要教孩子《易經》，不妨就從筷子所蘊含的道理開始。

兩根筷子就是一陰一陽，合起來便是太極。我們用筷子，往往是一根動、一根不動，不會兩根筷子都同時動或者同時不動。拿起筷子，看準目標，一根動、一根不動，兩相配合，就能夾到菜餚，這就是「一陰一陽之謂道」。

我們天天使用筷子，卻不知道筷子本身，正蘊含著《易經》的道理。方便攜帶、容易使用，這些都是筷子本身的特性。所謂「簡」，就是簡單明瞭，不要把事情搞得太複雜。

筷子的妙處是什麼？我們用筷子吃東西，夾得起來就直接夾取，夾不起來可以用筷子叉，有些食物實在是夾也夾不動、叉也叉不了，就把盤子整個端過來，往自己的碗裡撥一點。筷子取物，至多不超過三個步驟，就能解決所有的問題，陰陽互動的道理，就是如此簡單，又何複雜之有？

中國人習慣由小看大、見微知著，想要瞭解一個人，往往都是從細節處著眼。我們觀察一個人拿筷子、用筷子的姿勢，就可大略得知對方人品高下。首先，看這個人怎麼拿筷子。拿筷子通常會握固定的地方，不會握太上面，也不會握太下面。筷子握特別下面的，可能是做媽媽的沒有用心教導他；筷子握特別上面的，透露出此人驕傲自恃，目中無人的心態，也許他心裡正想著：「這些算什麼東西？就這些東西也能請我吃？」

其次，看什麼時候動筷子。有的人在飯桌上，大家還沒有拿起筷子，他就站起身，去夾別人面前的菜。其實，遲早會輪到他，那麼著急做什麼呢？我們夾食物，要先夾自己面前的，不能先夾旁邊的或是離我們遠的。這樣做表示：第一，我不挑食；第二，我尊重大家；第三，我的家教還不錯，很守分。一個人的人品，會在這些細節中表現得淋漓盡致。

外國人常譏嘲中國人使用筷子，是種既落後又不衛生的習慣，因為在西方，每個人都是單獨一副刀叉、一個盤子，他們認定這樣才是衛生，不像中國人使用筷子，容易傳染疾病。其實，西方人會有此觀點，是因為他們不夠瞭解中國人。中國人使用筷子夾菜時，向來不會挑挑揀揀，因為從小父母就會教導孩子，挑揀食物是一種不禮貌、沒教養的行為。因此，我們都是先用眼睛觀察，看準盤中目標後，咻一下，菜餚就夾上來了，哪裡還需要挑來揀去，又怎麼會傳染疾病呢？

另外，再舉一項中國人生活中常用到的物品——毛筆為例。過去中國人使用毛筆，同樣一支，想畫細就可以細，想畫粗就可以粗，一筆在手，變化無窮。現代則不然，筆拿出來都是一排一排的，選一支，太粗了，再選一支，又太細了，光是選筆就要浪費不少時間。毛筆就是「簡易」，結構很簡單，其功能卻變化無窮。

變易——易經為往古之變經

《易經》中的「易」字，究竟代表著何種寓意，自古以來眾說紛紜。三國時代阮籍曾提出《周易》為「往古之變經」，是一本能幫助君王觀察時事變化，以做為施政參考的寶典。所以《易經》這本書，最早的時候很可能不稱為《易經》，而稱為《變經》，因為它所研究的，就是宇宙變化的道理。然而，古聖先賢不敢再沿用《變經》這個名稱，是擔心會誤導、貽害後代子孫。試想，一個人如果知變不知常，一心盲目求「變」，最後可能連「根本」都丟失了。變到違背倫常、六親不認，那還得了？而且，有變必有常，因為「常」與「變」是相對的，如果變是陽，常就是陰，兩者是無從分割的。

有些人經常感嘆世事無常，覺得自己什麼都無法掌握，於是便開始自怨自艾，最後乾脆自暴自棄。其實，這是大錯特錯的想法。要知道，變的只是現象。在「變」的背後，一定有所「不變」。宇宙再怎麼變，它還是宇宙。我們在思考「變」的時候，一定要想到「不變」；在思考「不變」的時候，一定要想到「變」，如此才是「一陰一陽之謂道」。變與不變兩者是合一的，是分不開的。沒有不變，何來變？沒有變，又何來不變？

你覺得自己變了沒有？聽到這個問題，你也許會想：「我還是我，哪裡變了？」事實上，現代醫學已經證實，人體內的所有細胞，大約每七天就會代謝一輪，所以，沒有人是不變的，人不變就無法存活。

再從時間來看，時間有過去、現在、未來。過去很明顯是不變的。你能改變你的童年嗎？顯然是不可能的！你在哪裡出生，這輩子你的出生地就在那裡，這是不能變的。過去的事情，誰也沒有辦法改變，所以孔子說：「成事不說，遂事不諫，既往不咎」——過去就過去了，不要再計較，後悔也無濟於事，最重要的是未來。然而，未來是不可測的，不是變與不變的問題。而現在呢？現在是變還是不變？答案只有一個：「有的變，有的不變。」

很多人覺得「變」的學問太複雜，其實，說穿了也沒什麼大道理，因為在時間的長河裡，我們所能掌握的，不是過去與未來，而是只有現在的這一段。但「現在」往往是最麻煩的，因為現在可變可不變、有變有不變、亦變亦不變。變也挨罵，不變也挨罵；變也完蛋，不變也完蛋，可說是動輒得咎。因此，人生最大的考驗就是現在。

不易——學習掌握不變的常則

現在，就是過去與未來的交接點。過去的一切已經無從改變，但未來的一切，都還處於千變萬化之中。經常有人感嘆世事無常，然而，世事又怎麼會無常呢？任何事情，都有一定的脈絡，有一定的規則，是可以推理的。如果連理都推不通，那人就活不成了。你至少會知道：今天中午有飯吃，晚上回家床還在，妻小不會突然消失，否則，你根本無法出門工作，因為出了門就不安心。我們之所以能夠安心，就是因為我們知道，世上有些東西是不變的。孩子為什麼能安心？因為孩子知道，自己的爸爸媽媽不會變。如果孩子一回到家，發現連父母都變了，那他就會不知所措。

所以，不要相信西方學者所謂：「一切的一切都在改變，唯一的不變就是變」這種似是而非的邏輯。這種話聽起來很時尚，但卻經不起智慧的檢驗。家是不會變的，否則人無法安定；常道是不會變的，否則人為什麼要努力？即使人事已全非，但江山依舊在。雖然世界始終在變，卻也總有其不變。現代人窮於應付變，搞得自己終日忙碌，卻一無所得。因此，當我們看到變的時候，不要陷入變的迷思中，而是要去學習如何掌握不變。

人的力量很偉大，但也有其局限性。當一個人體認到變的時候，也要瞭解在變的背後，有個不變的常則，那就是自然規律。太陽必然從東方升起，由西方落下，這是人人皆知的自然規律，就連原子彈都阻止不了，無論人類再怎麼創新，都不能改變這種自然規律。

太極（圖6-1）就是萬事萬物，萬事萬物都是太極。太極有陰就有陽，其中陰是不易的，我們把它視為「常」，哲學上稱作「本體」；陽是變易的，我們把它視為「非常」，哲學上稱作「現象」（圖6-2）。本體永遠不會改變，但現象卻是瞬息萬變的。然而，人們往往只相信自己的眼睛，只相信眼睛看得見的事物。可是，肉眼可見的事物非常有限，沒有一項是不會被改變的。很多東西我們看不見、摸不著，卻真真實實地存在著，那麼，我們又怎能否定眼睛所看不見的事物呢？

（圖6-1）

（圖6-2）

更深入地說，我們所看到的一切，其實都是假象，真相是永遠看不見的。假象就是那些變來變去的東西，而真相是本體、是實質，它內藏於事物之中。所以太極就是有所變、有所不變。有人以為太極是有一部分變、有一部分不變，其實不然。太極中變與不變是同時並存的，你看它變，它好像沒有變；你看它沒變，它又好像在變。變中有不變，不變中有變，才是「陽中有陰，陰中有陽」。一張桌子，桌面看上去是平的，但如果你放大檢視，就會發現它其實是凹凸不平的。世界上沒有一樣東西是平的，「直線」也是虛擬出來的概念。

所以從此刻開始，看待任何事物，都要把它視為太極。太極的內涵是亦陰亦陽，因為陰陽是沒有辦法切割的。過去我們腦海裡總存有「切割」的想法，習於將好壞、善惡、是非都一分為二，其實這是錯誤的觀念。我們要明白，事物是亦好亦壞的，人也是亦善亦惡的——有時候會變善，有時候又會變惡。我們找不到一個純善的人，因為這樣的人活不了；我們也找不到一個純惡的人，因為別人根本容不下他。簡而言之——純善自己容不了自己，純惡別人容不了你。

《道德經》開宗明義講了六個字：「道可道，非常道。」它告訴我們，宇宙有兩個道，一個是「常道」，一個是「非常道」。「常道」是不可說的，凡是人說得出來的，就不是「常道」，只是「非常道」而已。

用不變的原則，應對萬變的現象

《易經》是中國哲學思想的源頭，無論是儒家的孔子，或是道家的老子，他們的哲學理論都源自於《易經》。瞭解《易經》，就能明白儒道相濟的道理。老子認為，所有能說出來的道理，都只是「非常道」，那麼，什麼才是「常道」呢？用今日科學的語言來解釋，「常道」可視為「絕對宇宙」。絕對宇宙是圓的，圓代表圓滿，是一種理想狀態。然而，在月圓的那一剎那，我們就知道，它立刻就要開始缺了。人追求圓滿，就是跟自己過不去，矛盾的是，人又非得求圓滿不可。所以孔子才說：「取法乎上，得乎中。」意謂人要有理想性，不能輕言放棄，要盡最大的努力去實踐，也就是「盡人事，聽天命」。如果不懂《易經》的道理，就很難理解孔子的思想。

絕對宇宙就是《易經》裡所講的「不易」，它一點變化也沒有，永遠都是那樣的絕對圓滿、絕對自由、絕對平等、絕對光明的狀態。然而，那種狀態人類很難接受。因為絕對平等，就是你我不分。

例如有一筆錢放在桌上，你會不會伸手去拿？這就能測出你是否有「分」的觀念。如果這筆錢在誰手上，最後的結果都是一樣的，你就絕對不會去拿；如果你會伸手去拿，就證明這個東西是可以「分」的。你把錢據為己有，別人就拿不到了。人之所以會伸手去拿東西，就是知道這個東西是可以分的。沒有人會去伸手抓月亮，因為月亮是不可能私有的。只有在絕對的狀態下，才會有百分之百公有的東西。所以，我們一旦生而為人，落入這個地球，就一定要覺悟：人類只能獲得相對的自由、相對的平等；只能享受相對的光明，卻無法杜絕黑暗面的存在。

柏拉圖有他的理想國，陶淵明有他的桃花源，但那都是不可能實現的夢想。現代人則虛擬出一個又一個的「香格里拉」，將自己對人間樂土的想望投射其間。試問：「香格里拉在何處？」答案其實很殘酷：

「香格里拉在一個人沒有到過的地方！」因為只要人跡一至，樂土就被糟蹋了，就不是香格里拉了。人是什麼？破壞香格里拉的就是人，這是人類的不幸。

在西方人高喊「不自由毋寧死」的今日，每個人都想追求絕對的自由。事實上，絕對的自由，只存在於一種情況下，那就是死後。人死之後，才是絕對的自由，才有絕對的平等。可惜現代人經常被一些不合理的、積非成是的「普世價值」所迷惑，盲目地架構一些根本不可能和不存在的空中閣樓，那不是很冤枉嗎？

世界上有變就有不變，它們是同時存在的，不可分割的。而且變的當中就含有不變，不變的當中就含有變，這就是《易經》中「變易」與「不易」的真諦。

「人類最高的智慧，就是以不變應萬變。」這句老話，現代人聽了常嗤之以鼻，甚至會斥為邪說，其實這是望文生義，加上不夠理解「變」的內涵所致。人世間「不變」的是「原則」，「萬變」的是「現象」——因此，我們要用不變的原則，來應對萬變的現象。

一個人內在一定要有原則，而且要能堅持，但是外在要磨成圓的，才有辦法去和別人妥協、協調、調整，最後達成一個大家都能接受的方案。「內圓外圓」的人是小人，因為他完全沒有理想，沒有目標，唯利是圖，有洞就鑽，這種人是可恥的。「內方外方」的人也不好，因為他的堅持過多，理想太高而不切實際，個性又有稜有角，很難與人溝通共事，無法團隊合作，通常都屬懷才不遇、抑鬱而終型的悲劇人物。「外圓內方」的人才是可貴的，能妥協卻不會放棄立場、有原則卻不會產生磨擦、有理想卻不會好高騖遠，這樣的人格特質便稱為「圓通」。

因此，我們得到一個結論：站在不變的立場來變，才不會亂變。

中國人「有」與「沒有」合在一起，「要」與「不要」合在一起，「好」與「不好」合在一起，「善」

與「惡」合在一起，這些都是不能分的，一分開就完了。不要認為這樣的人糊塗、不負責任。在中國社會，立場太分明，就得不到群眾的支持。傳統的中國人，即使心裡不喜歡、不願意，也會口頭先回答：「好」、「沒關係」，然後才想方設法，逐一去化解掉那些不利於自己的狀況，絕不會一開始就全盤否定，因為此舉會失去人心。

我有兩個兒子，他們一吵架，我就兩個都罰站。首先，我會告訴他們：「對是沒有用的，不要以為你對就沒事了！」等到兩兄弟罰站了五分鐘後，我就把弟弟叫來，對他說：「今天你沒有錯，就是哥哥一個人的錯，不要以為爸爸糊塗。可是你既然沒有錯，我為什麼罰你站？」弟弟說：「這樣比較好。」我說：「你不高興就說不高興，不用拍爸爸馬屁。」他說：「我真的沒有不高興。」我問：「為什麼？」他說：「有一次你只罰哥哥站，沒有罰我，結果事後我被哥哥打得好慘。」我說：「哥哥打你，你告訴我就好。」他說：「不告還好，告了打得更慘。」我說：「那我要怎麼樣呢？」他說：「像這樣就好，不管我有沒有錯，都罰我站，事後我會安全些。」

然後，我又把哥哥叫來，問他：「今天是誰的錯？」他說：「是我的錯。」我又問：「弟弟有沒有錯？」他說：「弟弟沒有錯。」我說：「你這不是知道得很清楚嗎？」他說：「當然了，是非對錯我還分得清的。」中國人是表面沒有是非，但心裡一清二楚，這就稱作「心中有數」。我又問哥哥：「那為什麼我還要罰弟弟站？」他說：「你是給我面子。」我說：「我為什麼要給你面子？」他馬上說：「你是希望我日後更加照顧弟弟。」我就說：「你能懂這些道理就好了。」如此一來，兄弟日後就能減少許多爭執和不快。

中國人看似是非不分的教育方式，其箇中原理，許多西方人一輩子都想不通。就像美國的孩子，只要一做錯事情，父母一定先問清來龍去脈，再判斷誰是誰非，然後只罵錯的，不罵對的，於是便養成西方人黑白分明的「二分法」思維。

權不離經、權不損人、權不多用

很多人都以為，心裡想的和嘴上說的，應該要完全一致。但是，當我們懂得《易經》的道理後，就能明白什麼是「難得糊塗」——糊塗的是表面，清楚的是內心。然而，現代社會的發展變化非常快速，我們究竟要不要變，又該怎麼變呢？其實這是中國人一生一世都要面對的難題。在此提出三個原則做為參考，只要依循這三個原則，許多問題都能應對得十分妥當。

第一個原則是「權不離經」。權就是權變的意思；經就是經常的守則、不可以變的規矩。不管怎麼變，都不能踰越這個規矩。要有原則地應變，不可以沒有原則地亂變。一個人如果變來變去，變到最後沒有原則，大家都會厭惡他；一個人如果死守原則，不知如何變通，大家都會害怕他。同理可證，中國人講「外圓內方」是非常有道理的，再怎麼變，規矩不能改變。換句話說，每一個人都可以合理的變通，但不能變得太離譜，這就是「權不離經」。每一種改變，都應該檢視它合理或不合理。合理是檢驗的標準，變得合理，大家就同意；變得不合理，大家就搖頭。

第二個原則是「權不損人」。所有的權變不可以損害別人，損人不利己的行為，不能稱之為變通。如果這種改變，會使既得利益者蒙受傷害，那便是不公平的，即使遭到抗拒，也應在預料之中。任何人都不能憑藉自己手中有權，喜歡怎麼變就怎麼變，這種弄權心態，是任何人都無法接受的。

舉一則我處理過的真實案例。

某間公司有位朱小姐，她原本在甲部門，希望能調到乙部門。人事部門首先徵求朱小姐直屬上司的意見，上司說：「沒有問題，都在同一家公司，我尊重她的選擇。」人事部門又去徵求乙部門經理的意見，乙部門的經理也說：「沒有問題，我們歡迎。」然後，總經理一批准，調令就公布生效了。

這原本是很簡單的一件事。可是，調令公布後，乙部門的經理，卻跟人事部門表明無法安插朱小姐。人事主任說：「這樣不行啊，我事先有徵求你的同意，才向上呈報的，現在，命令發布了，你怎能推說不同意呢？」然而，乙部門的經理卻堅持：「不同意就是不同意，不要問我理由。如果朱小姐真的要來，那我就只好辭職了。」雖然，這位乙部門的經理不講道理，然而，他的確是名很優秀的管理者，把他逼走，對公司將造成不小的損失。

這件事究竟誰對誰錯？其實，我不覺得有人錯，而是這中間一定有個「程咬金」，就是在半路上出了問題。外國人做事，很少會碰到程咬金，但中國到處都是程咬金，常常會無端端地殺出一個人來，改變了整個局勢。

於是，我告訴這位人事主任，可以用這樣的邏輯思考：「這位乙部門的經理是個太極，有陰也有陽，平常他講不講信用？答應的事情會不會反悔？」人事主任回答：「他平常很講信用，答應的事從不反悔。」我說：「那就好了，這次肯定是例外，其中一定有他說不出口的苦衷。根據我的判斷，很可能是這位經理的太太不同意，而不是他本人不同意。」人事主任就去請教乙部門的經理，是不是他的太太不同意？這位經理大吃一驚，說：「你怎麼知道？」

大家看，我一猜就對了！有人說讀《易經》會算，其實不是會算，只是懂得推理而已。

人事主任接著請教這位經理：「為什麼你太太不讓朱小姐來？」經理回答：「我太太不是對朱小姐有意見，她根本不認識朱小姐，而是我在三年前剛升任經理時，太太就要求部門裡不得有未婚的女同事。三年過去了，我忘得一乾二淨，沒想到她卻牢牢記得。」

於是，人事主任又來問我，這情況該如何解套？我回答：「很簡單，有三條路可走：第一，請總經理收回成命，但這樣肯定行不通，總經理朝令夕改，公信力就沒有了。第二，強迫乙部門的經理接收朱小姐，但那會逼走一個好人才，也行不通。既然兩條路都行不通，現在唯一的辦法，就是你帶著禮物去見經理的太太，說事先不知道有這條規矩，如果知道，一定不會讓朱小姐調過來的。但是現在錯誤已經造成，總經理的命令也公布了，無法立即收回成命，所以，總經理特別要我來拜託您幫他一個忙，讓這個調令維持兩個月，兩個月後，我們再把朱小姐調走。這兩個月請您好好看管先生，不要讓他出事。」

當你留給別人一定的彈性，讓彼此都有轉圜的餘地時，凡事才會有得商量。結果，人事主任照著我的辦法去做，經理太太果然回答：「沒問題，這個可以商量。」

兩個月後，人事主任再去問經理太太，需不需要把朱小姐調走，經理太太說：「不用了，這兩個月也沒發生什麼事，就讓朱小姐留下來好了。」

如此為難的一件事，就這樣輕鬆地化解了。這個不是「解決」，而是「化解」。《易經》是講「化」的道理，中國人的智慧就是大事化小、小事化無，最後什麼事情都沒有了。

第三個原則是「權不多用」。經常變，就表示既有的很不成熟，就曝露出制度大有問題，否則何必要經常改變呢？例如穿著打扮，一個人摸索一陣子之後，就會知道自己適合哪種風格，日後專挑那種類型的衣服就好。如果一下穿唐裝，一下穿西裝；有時民族風，有時休閒風；時而紳士，時而嬉皮，變來變去，就表示他沒有自己的品味、不清楚自己的風格，這種人穿什麼衣服都不合適。

現代人最大的毛病，就是過於熱衷求新求變。要記住，「變」有百分之八十都是錯誤的。天下事不如意者十常八九，好不容易建立起常規後，就不要輕率改變。然而今日，我們很多事都在「亂變」。水龍頭能順著轉開就好，但號稱走在時尚尖端的設計師，卻總愛挑戰此一原則，有的是向下壓，有的是往上拉，各式各樣，千奇百怪。結果，讓你在住旅館時，產生了多餘的煩惱——怎麼水龍頭轉也不出水，壓也不出水，拉也不出水，還以為它壞了，生氣的踢上一腳，水反倒噴出來了，弄得你渾身都是，這算什麼設計呢？

中國人設計房子，都是先設計內部，把每一個房間都設計成方方正正的，然後再設計外部。風水是非常科學的東西，跟迷信沒有關係。同樣一件事情，不懂的人認定是迷信，懂的人就能夠講出一番科學的道理。

凡事有「例行」就必然有「例外」，這是事實。但是，例外比例行還多，就不夠合理。例外比較少，例行比較多，經常是這樣辦，偶爾會那樣辦，如此才算合理。

過度熱衷求新求變，就會產生一種危險的觀念——人們會誤以為新的就是好的、舊的就是壞的，這是最可怕的觀念。為什麼新的就是好的？實際上，新的往往不如舊的。現代人經常興起「復古風」，喜食「古早味」，懷念過往單純美好的年代，這就證明了「新的不等於好的，改變不等於正確」。其實，求新求變本身沒有錯，錯的是人的想法，誤認為新的一定比舊的好。一個人如果盲目的汰舊換新，即使舊的再好也執意換掉，那就是「喜新厭舊」。一個喜新厭舊的人，遲早連自己的另一半也要換掉。

老子在《道德經》裡指出：「不知常，妄作，凶。」一個人不知道常規，就妄加改變、恣意而為，最後的結果只有一個字，凶。人一味亂變，變到最後，連立錐之地都失去了，這是多麼可怕的後果。試問，夫婦有別可以變嗎？父子有親可以變嗎？君臣有義可以變嗎？朋友有信可以變嗎？長幼有序可以變嗎？這些都是最根本的、不能改變的。一旦五倫變了，人與人之間的信任感就會消失殆盡，社會體制也將蕩然無存。

所以，我們一定要記住這三個原則：

一，權不離經。所有的變都不能離開規矩。

二，權不損人。所有的變都不可以損害他人的權益。

三，權不多用。偶爾變，大家沒有意見；經常變，就表示制度有缺陷。一個人，如果變到連根本都失去了，會引發極為嚴重的後果。

在瞭解《易經》變與不變的道理之後，很多人心裡都有一個疑問：「當我們面對無法決定的當下和變化莫測的未來時，究竟能不能用《易經》占卜，以幫助我們決斷當下、洞悉未來呢？」其實，《易經》本身就是一本可以占卜的書，所以，我們接下來要探討：為何孔子主張「不占」？

易經的奧祕

善易不卜

——遵循自然律，不以結果指導行動

【善易不卜】

遵循自然律，不以結果指導行動

易經的四大功能是象、數、理、占。什麼是象？天文、地理都是象。什麼是數？《易經》中的數，是活的數，並不是人們常說的定數。什麼是理？理就是推理，它與科學最接近。什麼是占？在卦爻辭中，經常會出現吉、凶等用語，顯示出《易經》具有占卜的功能性。

《易經》有象、數、理、占四大功能，這是古往今來學易者的共識。

第一個功能「象」：中國人喜歡看象是有道理的，因為中國地大物博，森羅萬象，舉凡天文、地理都是象。天文是天的象，地理是地的象，一個人仰觀天文、俯察地理時，都是在看象。

天有天文，地有地理，人也有人相，而且這個相是假不了的。因為人的相是由心來決定的，心決定相的轉換，稱為「相隨心轉」。心轉了，人的相就隨著心境改變了，所以，人的相貌是時時刻刻都在改變的。不要以為舌頭伸出來就一定很直、很正，你可以對著鏡子，把舌頭伸出看看，能夠伸直就不錯了。很多人舌頭一伸出來，不是歪左邊、就是歪右邊，這種舌頭伸出來就歪斜的人，心已經不正了，改變的方法首重正心。只要心一正，五官就端正了。因此，看相不是迷信，而是觀察；不懂看相的人胡說八道，或是江湖術士假藉看相以騙財騙色，那才是真正的迷信。

第二個功能「數」：《易經》的數，不是數學。因為數學是死的，《易經》的數是活的。中國人常將「一切有定數」掛在嘴上，有些人聽了很反感，認為這是宿命論，其實不然。「定數」是指「最後的結果」。例如，考試得到60分，這60分就是定數，已經被評定的成績，誰都不能任意更改。所以定數是結果，而不是過程。過程怎麼會「定」呢？任何過程都是變化的。經過一學期的學習，加加減減，總成績及格了，這是最後的定數，總成績不及格，也是最後的定數。所以說，定數是指結果，不是指過程。

第三個功能「理」：《易經》的「理」是「推理」，與科學的性質最為接近。一個人按照道理去推論，就可以未卜而先知。因為「理」是固定的，順理而成章。一個人按照道理去做事，結果也應該是固定的，這沒有什麼神奇，而是理所當然、勢所必然——順著道理推論，結局必然如此；形勢走到這裡，結果當然如此。只要資訊充足，推理是很容易的事情。

第四個功能「卜」：《易經》卦爻辭裡，經常會出現吉、凶等用語，顯示出《易經》具有占卜的功能性。占卜結果可能是「吉」，也可能是「凶」，所以很多人就以為《易經》主張命定論，其實這是錯誤的觀念。《易經》不主張命定論，它最常用的字是「如」。「如」是「假如」、「如果」的意思——如果這樣，你會怎麼樣；如果那樣，你會怎麼樣。《易經》裡的吉凶是有條件、可以變動的。會占卜的人不會鐵口直斷，凡是鐵口直斷的都不太會占卜。然而，現代人卻喜歡那種鐵口直斷的算命師，把占卜變成裝神弄鬼的把戲，只要斬釘截鐵地說出結論，然後大把鈔票就進口袋了。可是，如果占卜者按照《易經》的道理分析：「如果你這樣做，結果會是吉；如果你那樣做，結果會是凶，因為吉凶都是一種選擇，是可以變動的……」大家就會認為這位算命師不過是陳述道理而已，誰還肯付費呢？這就是一般人對占卜的錯誤觀念。

古代占卜的合理限制

翻開中國的歷史，在夏、商、周時代，民智未開，《易經》被用來占卜，是很自然的事。但是，當時的占卜是有條件的。

第一，只能占國家的大事。占卜國家要不要發動戰爭？今年會不會風調雨順、國泰民安？有沒有天災人禍、重大變故？這些國家大事都可以占卜。但不能專為個人私利而卜，例如：占卜自己的股票會不會賺錢？

第二，無法下決定時可以占卜。在古代，當文武百官殫心竭慮，最後仍然無法下決定時，就可以用占卜來決斷。然而，如果已經有明確的意向，或是已經決定好方向，這時就不可以占卜。

第三，不一定要聽信占卜。如果占卜之後，就完全百分之百地聽信占卜的結果，不加入人的思考判斷和努力，那就變成命定論。

姜太公是輔助周朝建國的軍師，當時武王想要伐紂，猶豫不決，便去占卜，結果卜出一個不吉的卦。姜太公力勸武王不可以相信那個卦，因為整體情勢對西周是有利的，不能因為占卜的結果，而錯失了大好良機。最後，武王決定出兵，果然一舉滅掉商紂，建立了周朝。姜太公的時代距離現在已有三千年之久，他當時就提出：占卜用的只是龜殼、蓍草，人不靠自己的大腦思考，反而去相信龜殼和蓍草，那不是很奇怪嗎？姜太公當時就明白「不一定要聽信占卜」的道理。

當年秦始皇為了鉗制思想，幾乎要燒盡全天下的書。我們很慶幸《易經》沒有被燒毀，前人的智慧才能保留到現代。為何《易經》能躲過這場文化浩劫？那是因為有臣子告訴秦始皇：「《易經》這本書不值得燒，因為它是占卜之書，讓老百姓使用也無妨，又何必花力氣燒它呢？」於是秦始皇就宣布：「既然《易經》是占卜之書，那就不用燒了。」正因為《易經》能逃過秦火大劫，於是便有許多百姓認為：《易經》真神！早早便算出日後有秦始皇焚書，故自義為卜筮之書，即為躲避此一大劫。其實，這是後人穿鑿附會的說法，並不足以為信。

漢朝以後，《易經》就分成「易理」和「象術」兩派。易理派是把《易經》視為一門自然哲學，因為它取法於自然，是從自然中所歸納出的道理。而象術派就是專門用於算卦或占卜的。

然而，占卜的目的為何？一般人都認為，占卜的目的就是要知道結果，其實這種想法是不對的！

一個人做事情，不能先問結果如何，才決定是否進行。例如，一個男人要娶妻子進門，可不可以先考量女方會帶多少家產當嫁妝？當然不可以，絕對不能動這種歪腦筋！可不可以考量結婚是因為女方能幫助你成功？也不可以！上述動機都是不純正的。

一個人不能為了結果才去做事，因為只要一問結果，做事的動機就不純正了。一個人要做自己應做的事，就算不能賺錢、不能成名，也要盡全力去執行，這樣才是對的。如果因為有利可圖才去做，那就是小人了。從這點來分析，我們就知道，現在社會中的很多觀念，其實是不合乎《易經》的道理的，也就是不合乎自然的道理。

一棵樹，它能長就長，從來沒有想到長大以後會怎麼樣。如果樹想到長大以後會怎麼樣，那它就寧可不長了，因為長大後一定會被砍掉。任何人只要想到結果，就什麼事情都不願意做了，因為人生的結果是一模一樣，非常平等的，就是一副棺材而已。我們一出生，就有一個共同目標——一步一步地走向死亡。人生就是一步一步走向死亡的歷程，有例外嗎？好像沒有！如果你想到人生最後都是一死，那就什麼都不要做了，反正這樣是死，那樣也是死，乾脆現在就死了算了，但這種觀念顯然是不正確的。

中國人不以成敗論英雄，最典型的例子就是關公。關公沒有成功，但我們卻奉祂為神。中國人崇拜什麼樣的人？崇拜做有價值事情的人。關公為我們樹立了一個忠義的楷模，我們拜關公是拜祂的忠義，不是拜祂的豐功偉績。所以，會拜關公的人，是用自己的忠義與關公的忠義互動。我們只不過是藉由拜關公的儀式，激發出自己的忠義之情，讓自己朝著忠義的方向努力。

我們尊重每一個人的選擇。但是，不管信什麼，信到差不多就好，過分相信就是迷信。迷信是「程度」問題，而不是指哪個東西是迷信。天底下哪有迷信這種東西？相信到超過應有的程度，就是迷信；相信到合理的程度，就不是迷信。

《易經》把宇宙的萬事萬物，劃分為六十四種情境，也就是六十四卦。當你卜到某一卦時，就知道自己正處於何種情境下，再去查那個卦，它會告訴你，在這種情境下，要注意哪些事項，如果你能因循卦義，知所警惕，自然可收趨利避害的效果。所以，《易經》是用來查閱學習的，而不是用來預知結果的。用占卜來學習每一個卦，是合理的；用占卜來做為自己待人接物時的參考，也是合理的。然而，若是在占卜後，就完全聽信占卜，不加入個人的判斷和努力，這種態度就不算正確。占卜的目的，不是讓我們預知結果，而是提示一個可能的結果供我們參考，以如此的角度來理解與應用《易經》，才算是真正懂占卜的人。

自天佑之，吉无不利

《易經》裡曾數次提到：「自天佑之，吉无不利」這句話，大部分人都解釋為：「得到來自於上天的保佑，所以做任何事情都會很吉祥，沒有不順利。」

其實，這樣的解釋是錯誤的。事實上，老天並不會保佑任何人。因為中國人的「老天」指的就是「自然」，而自然又如何能保佑任何人呢？祂如果保佑了這邊，就保佑不了那邊。自然的道理是——這邊該下雨就下雨，那邊該乾旱就乾旱，這跟「仁」或「不仁」完全沒有關係。老天如果保佑任何人，那就是偏私，就是不公。老天的責任是——該下雨就下雨，該出太陽就出太陽，該颱風就颱風，不管人會有什麼反應。

所以，不要認為老天會保佑人，絕對沒有這種事情。「自天佑之，吉无不利」的那個「自」，並非指「來自」，而是指「自己」。這句話應解釋為：「當你自己努力時，老天就會幫助你」，要把「人」和「天」聯繫在一起。孔子最偉大的貢獻，就是把人和天聯繫在一起，稱為「天人合一」。老天只會幫助應該幫助的人，不會幫助不應該幫助的人，這才是自然律。老天絕不會因為你多拜祂，祂就保佑你，那跟賄賂有何不同？如果連老天都可以用禮物來打發，因膜拜而迷惑，那麼，老天算什麼呢？貪官污吏而已！所以，老天是不可能如此的。如果老天能開口，祂必然是說：「只要人好好做，我就按照自然的道理幫助人；人不好好做，我也會按照自然的道理制裁人，我又怎麼會存有私心呢？」

「自然律」是天底下唯一的真理。人順應自然的道理，就能吉无不利；違背自然的道理，遲早會有凶禍，這是理所當然、勢所必然的。很多解釋易理的書，都把「自天佑之」解釋為「來自上天的保佑」，這是不正確的。上天憑什麼保佑人？老天沒有手、沒有腳，也沒有嘴。自然只是各種現象的循環往復，自然只是陰陽的變易與不易，其中並沒有神的存在。你自己爭氣，自己走正道，自己守規矩，自己遵循自然的道理，老天就會在旁邊幫助你。這不是老天對你好，而是順著自然律在進行。就像你搭上這班火車，自然會到達台北；你搭上那班火車，自然會到達高雄一樣，都是因與果的道理。

《易經》的主張非常清楚：每個人都應該為自己的所作所為負完全責任。以前的大家庭，生養很多小孩，若要一一細心呵護，照顧有加，怎麼應付得過來？其實，要養一個小孩很困難，但同時養很多個小孩反而容易。當家中獨子生病時，天好像快要塌下來。但如果同時養八個孩子，心情就不一樣了，好像折損一兩個也不必大驚小怪。所以，過去那個年代，孩子若有什麼病痛，大人會認為：小孩生病是正常的，休息幾天就會好。現代則不然，小孩一生病，全家人都戒慎恐懼，這是不正確的心態。人一定要經過各種不同的歷練，當什麼病都得過，也就不再恐懼生病，歷百病而成良醫了。最怕的就是那種從來沒有生過病的人，那才是最要命的，身上沒有抗體，只要一病就爬不起來了。所以，很多觀念要靠自己去調整。

人不管做什麼事都要慎重，如果不慎重，就要承擔相應的後果。你走這條路，結果一定是這樣；你走那條路，結果一定是那樣。這是必然的，是自然律，自古以來從無例外。在人的面前，永遠有兩條路可選，如果你選擇這條路，就往這邊走；如果你選擇那條路，就往那邊走。不論如何選擇，走完這段路，接下來還是會有兩種選擇，周而復始，永不例外。

善為易者不占

很多人以為《論語》最能代表孔子的學問，其實錯了，孔子最重要的學問，是表現在《易經》上。

孔子很晚才讀《易經》，他讀了《易經》，就好像得到寶貝一樣，全心全意地把它整理出來，這是孔子對中華文化的重大貢獻。孔子將《易經》發展成為非常嚴肅的哲學，而不是占術。但是，孔子排不排斥占卜？他不排斥。以孔子的個性來分析，他說「不占」（「不占而已矣」——《論語・子路》），就表示他會占，而且還經常占。一個人如果不會占卜，也從來沒有占卜過，又怎麼有資格去否定占卜呢？

孔子體悟到占卜是有道理的，但是不能完全相信，因為占卜有時候準，有時候不準。若以今日數學中的「概率」來表示，占卜可能有30%的概率，也可能有70%的概率。所以，一個人如果要占卜，必須先經過深思熟慮，心中有大略的答案後，才可以根據這個答案進行占卜，而卜出來的結果，則會引導人去思考這些問題。多一個卦，就讓人多一個思考的方向。所以，多看幾個卦以後，人就能比較周密地去思考問題，這才是占卜的目的。荀子說：「善為易者不占」，意指真正懂得《易經》的人會占卜，卻沒有必要占卜。因為一個人要常常提醒自己，用理智去指導感情，而不是讓情緒來左右理智。人都有情緒，但不能情緒化，一旦情緒化，最後倒楣的還是自己。身而為人，情緒難免，但只要大多數的行為，都是用理智來指導感情，這個人犯錯的機率就很小。

《易經》告訴我們，任何事情都是有條件的。要達到一個目的，會有幾條路可選，但每條路都是有條件的，並不是你選定了一條路就能暢行無阻，天底下沒有這回事。因為從《易經》的觀念來看，任何一條路都有順有逆──「順」裡面有順有逆；「逆」裡面也有順有逆。用陰陽的觀念來看，太極裡面有陰陽，陽裡面又有陰陽，陰裡面也有陰陽，陰陽同時存在，時時刻刻都在變化。

舉氣象預報為例：現代的氣象台設備如此先進，研究人員如此專精，但仍經常發生測不準的情形：預測說會熱，結果很冷；預測說會冷，結果很熱；預測下大雨，結果出大太陽。

當氣象預報出錯時，很多人便會開始批評：是不是氣象台的研究人員不用心？是不是氣象台的儀器不精密？其實不是這樣的。近代物理學有一個很重要的定律，稱作「測不準定律」。因為測了以後情況還會改變。今日測得16度，明日卻變成8度，一夜之間，狀況完全改觀，能怪誰呢？因為測完以後，自然狀況又發生了變化。然而，我們要思考的問題是：「既然測不準，還要不要測？」答案是：「就是測不準才要測，測得準就不用測了，躺在那裡，等待結果發生就好了！」

我們必須瞭解，以《易經》占卜是有條件的。

第一，當資訊不足、資料不全時，才可以占卜。我在美國時，美國的朋友問我：「既然你會占卜，那你預測一下明天是下雨還是出太陽？」我回答：「這個你打電話問氣象台就好了，何必問我？」凡是可以用科學儀器測量的，就使用科學儀器，何必還要占卜呢？當資訊不足、資料不全的時候，要不要做決策？當然還是要的。如果不做決策，後面的路怎麼走？例如你要出門，就會先盤算走哪條路才不塞車。然而，即使你對路況十分熟悉，還是有可能搞錯；即使你算準了那條路不會塞車，結果開上去卻還是塞住了，這是什麼道理呢？就是因為有很多人都認定那條路不會塞車，於是一股腦地擠到那裡，結果交通就打結了。所以，當大家都做同樣的預測時，結果往往就不準了，這是很簡單的道理。又例如，股票市場裡面，有人告訴你：「某支股票今天會漲停」，這有沒有效？答案非常簡單：「你相信它，它就有效；你不相信它，它就沒有效。」這又是什麼道理呢？因為當所有人都相信、都去買那支股票，那它一定會漲停。這不是測得準，而是因為人人都在抬轎，才使股票順勢漲停的。如果沒有人相信這支股票能漲停，沒有人願意下單，那它當然漲不起來。

孔子不反對占卜，因為它只是個工具，不是可以絕對相信的東西。我們可以把占卜當做參考，但不能視之為「非這樣不可」的指令。占卜之後，我們不可以放棄努力，還是要去尋找出破解的方法。該做的事情，遇到再大的困難，都要想辦法去化解，這才是正確的占卜觀念。

第二，猶豫再三，無法下決定時，才可以占卜。即使資訊不足、資料不全，但你已經有很明確的主見時，也不要占卜。為何你能有如此明確的主見？那是因為你有第六感。

人往往很相信五官的感覺，卻忽視自己的第六感。事實上，五官經常在欺騙我們：你親眼看到的，有時候會看錯；你自己摸到的，有時候會摸錯；你親耳聽到的，有時候會聽錯。一句話經過十個人傳，恐怕已經不是原來的話了。五官是最會騙人的，但是我們最相信五官。有一種我們不重視，但是不會騙人的感覺，稱為「第六感」。女性的第六感往往比男性準確，雖然女性較少參與外面的事，但有時她講的話很對，就是因為她的第六感靈敏。占卜的過程，就是在引發出你的第六感，然後去選擇一個對應的卦，代表你目前的處境。所以你把第六感引發出來了，你就有主見了。有了主見，反而不必占卜。

第三，每次占卜只問一件事。每事一卜，不能一次卜問好幾件事情，那樣是得不到答案的。你不能問老天：「我以後會怎麼樣？」老天只能回答：「以後就是死，還能怎麼樣？」問這麼籠統的問題，讓老天怎麼回答呢？占卜的問題必須很明確、很具體，例如：「我這件事情會怎麼樣？」這樣才能把你的第六感引發出來，才會得到一個「可能」的參考結果。前面這句話加了一個「可能」，因為《易經》都是講「可能」的，而不是講「必然」的。

第四，占卜要誠心誠意。誠心誠意不是迷信，一個人唯有誠心誠意，才可以引發自己的第六感，否則無法引發。其實第六感一直存在於自己的腦海裡，當你靜下心來，不受外界干擾時，第六感就能浮現。終日忙碌的人，是沒有第六感的，因為他忙到讓自己喪失第六感，可謂自作自受。

孔子從倫理出發的不占原則

簡而言之，卜卦就是一種充分引發自己潛能的過程，同時可以尋找更多的資訊，作為自己判斷事物，做出決策的參考。然而，為什麼孔子在認真研讀《易經》之後，卻說「不占而已矣」呢？那是因為孔子有三個原則：

第一，如果相信占卜，就違背了倫理的立場。因為人做事應該憑良心，而不是先問明結果，才決定做或不做。遇事必占卜，就是相信結果而違背良心。本來應該做的事，占卜後發現結果不妙，就不做了，這樣的人還有良心嗎？完全相信占卜，就會與自己的倫理立場相違背，這是孔子說這句話的第一個主張。

第二，人應該只問耕耘，不問收穫。人一占卜就是在問收穫：這件事能賺錢我才做，不能賺錢我就不做。基本上這是不對的。例如：從商是要服務顧客的，有些商人口口聲聲「為顧客服務」，一旦發現某營運項目無利可圖時，就不管顧客是否需要，即片面宣布終止，那還算是服務嗎？我們的公共汽車有很多路線，有些路線是賺錢的，有些路線是虧本的，那鐵定虧本的路線就不營運了嗎？不可以。應該用賺錢的路線去補貼虧本的路線，這才稱得上是為商之道。

第三，做人做事的動機要很純正。一件事，還沒有做，就先想到占卜，動機已經不純正了。

瞭解孔子的三個占卜原則後，我們得到了一個結論：「凡事只問應不應該，少問結果會是如何。」──從現在開始，應該做的事，縱然有萬難，也要設法排除；縱然下場淒慘，也要堅持去做，因為那是你的責任！

留名青史的文天祥、史可法，他們原本都可以逃的──快馬加鞭就逃了，很容易，為什麼他們不逃呢？因為他們都認為不應該逃，所以選擇壯烈犧牲。做任何事情，動機比結果重要，過程也比結果重要，可是我們現在卻完全陷在結果論裡，這是非常值得現代人深思的問題。

春秋時期以前，中國人是很迷信的；春秋時期以後，中國人慢慢走向理性，這是孔子的功勞。《論語》有言：「子不語怪力亂神」，就是孔子帶領中國人從迷信走向理性的證據。若是「不信蒼生信鬼神」──當大家都不信蒼生，而寧願相信鬼神的時候，人類的命運不是很可悲嗎？因此我們要重視活著的人，不要完全被那種看不見的鬼神所牽引。

儒家所重視的，是人與鬼神之間有無感應，這點比較重要。至於鬼神到底存不存在？鬼神穿什麼衣服？鬼神什麼模樣？這些都不用管。子曰：「祭如在」，當我們祭拜祖先時，要像祖先就在我們面前，我們跟祖先有所感應。至於祂會怎麼樣，我們不必管，因為那是死無對證的事情。所以，做人要理性一些，不要全盤否定，也不要全盤肯定，因為人沒有這個能力。

孔子的態度是「敬鬼神而遠之」，尊敬鬼神，但是跟鬼神保持一定的距離。我們不可以天天去拜祖先，那樣祖先也會很煩：「我都死這麼久了，你還天天找我，煩不煩啊？」但是，一年總要有幾天，特別是清明節，一定要祭祖。事實上，中國人為死人做的事情，都是做給活人看的。所以我每次都講：「清明節掃墓全家大小都要去」，就是在告訴子女：「將來我埋在這裡，你們也都要來，不能不來啊！」這樣的話，一代又一代的傳承下去，我們就不會忘記自己的祖先，更重要的，是不會忘記祖先做人做事的可貴精神。說穿了，清明祭祖的意義便是如此而已，沒有別的，別的都是假的！

那麼，孔子畫不畫卦？答案是肯定的，否則孔子學《易經》所為何用？下一篇我們緊接著要探討「卦有何用」？

易經的奧祕

卦有何用

——每個人的一生，都是在畫自己的卦

【卦有何用】

每個人的一生，都是在畫自己的卦

易經這部書的主要內容是卦。「卦」的字義就是「懸掛」，而六十四卦就是將宇宙所有的事情歸納統整，概括分類為六十四種代表情境，方便人們在遇到事情時能按圖索驥，明白自己的處境，並從中尋求應對之道。

什麼是「卦」？「卦」的意義就是「懸掛」，就好比我們在拍照後，將照片用相框框起，然後懸掛在牆壁上。

為什麼要掛？因為人的眼睛是往外看的，我們看別人很容易，看自己卻永遠無法看清楚。別人臉上有灰，我們一目了然；我們臉上有灰，自己卻無法得知。所以「旁觀者清，當局者迷」，當我們把自己的像懸掛起來，好好地看一看，就好像跳出事外端詳別人一樣，就能對自己有了更清楚的醒思與認知。

宇宙萬象永遠是相互連結的，個體從來就不是獨立存在的。就像攝影時，我們一定是站在某個位置，選取某個角度，從一大片景色中，拍出一張照片。換句話說，同樣的景色，會因為每個人取景的角度不同，所拍到的照片就會有很大的不同，如此則不難理解，每個人的卦，也都會有所不同。

宇宙人生的64種代表情境

卦，有兩個關鍵字，第一個是「爻」，卦當中的每一個符號，都稱為「一爻」。整部《易經》就是兩種不同的符號所組成，陰的（⚋）稱「陰爻」；陽的（⚊）就稱「陽爻」。乾卦（圖8-1）所有的爻都是陽爻；坤卦（圖8-2）所有的爻都是陰爻。

（圖8-1）

乾

（圖8-2）

坤

卦的第二個關鍵字是「六」，即每個卦都是由六個爻組成。啟示我們要把一件事情分成六個階段，一個階段、一個階段去調整。當你要規劃一件事時，如果把它分解成一百個階段或步驟，結果一定會亂掉；如果只分解成三個階段或步驟，好像又過於簡化；如果把它劃分為六個階段，再仔細考慮每個階段應當如何調整，就能夠做出合情合理的適當分配。

六十四卦（圖8-3）中，唯有乾卦這一卦，六爻都是陽的；也唯有坤卦這一卦，六爻都是陰的。其他還有六十二卦，都是有陰有陽，有陽有陰。這就啟發我們：世界上純陰的不多，純陽的也不多，雜七雜八的最多。所以真正的好人很少，真正的壞人也很少，壞中有好、好中有壞的人最多。

(圖8-3)

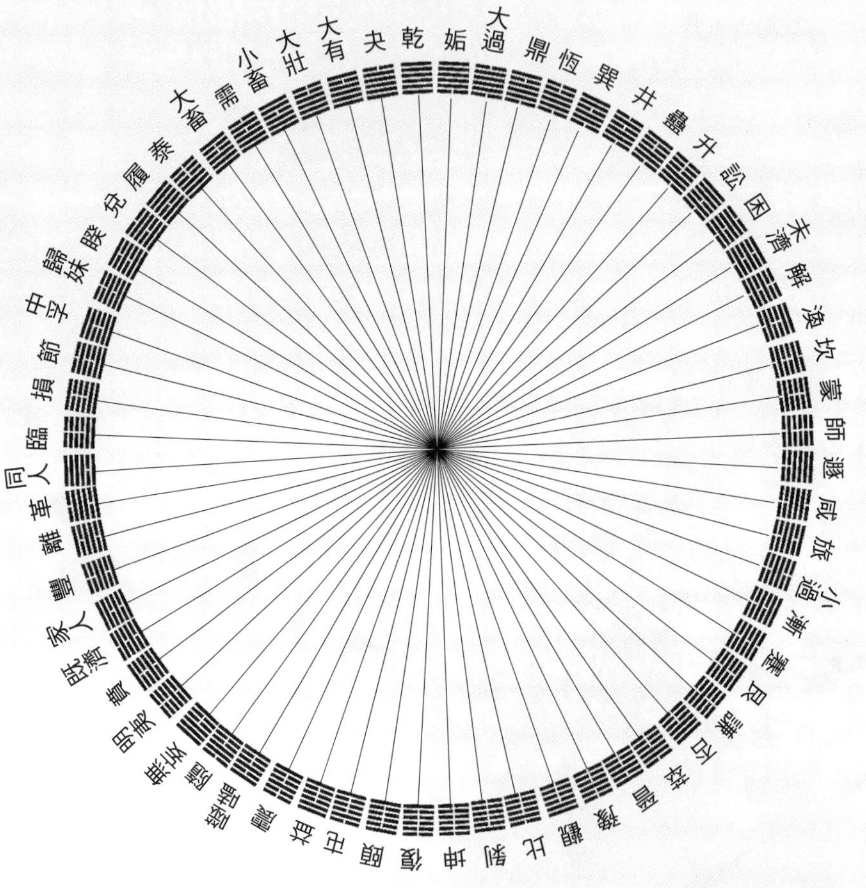

乾
姤
大過
鼎
恆
巽
井
蠱
升
訟
困
未濟
解
渙
坎
蒙
師
遯
咸
旅
小過
漸
蹇
艮
謙
否
萃
晉
豫
觀
比
剝
坤
復
頤
屯
益
震
噬嗑
隨
無妄
明夷
賁
既濟
家人
豐
離
革
同人
臨
損
節
中孚
歸妹
睽
兌
履
泰
大畜
需
小畜
大壯
大有
夬

64卦

陰陽是合一的，如果陰陽分開，就無法生生不息。要想生生不息，就需要陰陽交易，所以「交易」就成為《易經》裡很重要的概念。生生不息是交易的結果，只要停止交易，生意就做不成了。今日社會所使用的話語，有許多是淵源於《易經》，我們在日常生活中，也都在講《易經》的話，這是因為《易經》已經融入到中國人的血液裡面，變成我們共同的文化基因，沒有辦法改變，也不需要改變。

《易經》中共有六十四卦，這是什麼意思？就是古聖先賢把宇宙中所有的事情進行歸納概括，最後就演變出六十四種代表情境。我們之所以把《易經》奉為人生寶典，就是當我們遭遇任何事時，都可以從《易經》中尋求出對應的情境，經比對分析後，我們便能明白：在這個處境裡頭，要把握這幾項基本原則，要這麼去應對，如此，我們便能趨吉避凶了。

然而，如果認為《易經》只是幫助人趨吉避凶的，這樣的層次也不夠高。事實上，當一個人讀通了《易經》，心中就會除去吉、凶的概念。讀《易經》要一層一層去領悟，不可能一下子就把《易經》參透。

爻的代號，時、位、性質

這裡有一個六十四卦的排列組合表（圖8-4）。上卦一共就八種，下卦也是八種，上下一組合，一個完整的卦就出來了。這個表很簡明，一共有六十四個卦，一點不難。我們的老祖宗排來排去，發現只有這六十四種不同的組合方式，一個不多，一個不少，這也就是現代數學所講的排列組合。

（圖8-4）

64卦 上卦／下卦	乾 天	坎 水	艮 山	震 雷	巽 風	離 火	兌 澤	坤 地
乾 天	1 乾為天	5 水天需	26 山天大畜	34 雷天大壯	9 風天小畜	14 火天大有	43 澤天夬	11 地天泰
坎 水	6 天水訟	29 坎為水	4 山水蒙	40 雷水解	59 風水渙	64 火水未濟	47 澤水困	7 地水師
艮 山	33 天山遯	39 水山蹇	52 艮為山	62 雷山小過	53 風山漸	56 火山旅	31 澤山咸	15 地山謙
震 雷	25 天雷無妄	3 水雷屯	27 山雷頤	51 震為雷	42 風雷益	21 火雷噬嗑	17 澤雷隨	24 地雷復
巽 風	44 天風姤	48 水風井	18 山風蠱	32 雷風恆	57 巽為風	50 火風鼎	28 澤風大過	46 地風升
離 火	13 天火同人	63 水火既濟	22 山火賁	55 雷火豐	37 風火家人	30 離為火	49 澤火革	36 地火明夷
兌 澤	10 天澤履	60 水澤節	41 山澤損	54 雷澤歸妹	61 風澤中孚	38 火澤睽	58 兌為澤	19 地澤臨
坤 地	12 天地否	8 水地比	23 山地剝	16 雷地豫	20 風地觀	35 火地晉	45 澤地萃	2 坤為地

《易經》六十四卦本身並不難，難在每一個爻都有它的代號。

每一卦最底下那個爻稱「初爻」，往上依次是二爻、三爻、四爻、五爻，最後一爻稱「末爻」（圖8-5）。「初」跟「末」代表「時間」，《易經》最重視的就是時間。任何事情，時間一變，整個情勢就變了，所以中國人常講「隨時」，也就是要「隨著時的不同而調整改變」。

「初、二、三、四、五、末」，表述了六爻的「時序」。還有另一種說法「下、二、三、四、五、上」（圖8-6），則表述了六爻的「位置」。「位置」比「空間」的層次更高，「位置」包括了一個人的身分，包括了一個人的地位，包括了不同的場合，也包括了環境的變化。

（圖8-5）

時序

（圖8-6）

位置

除了時間和位置之外，爻的陰陽性質要如何表述呢？很簡單，凡是陰的都稱「六」，凡是陽的都稱「九」（圖8-7）。男人為什麼要提防「九」？因為陽到達極點，就稱為「九」，「九」就是陽極。《易經》裡有個重要概念——「物極必反」，任何人、事、物走到了「極」端，結果就必然「反」。所以中國人有「逢九不過」的說法，不去慶祝尾數是「九」的生日。所以，我們不能說：「替爸爸做五十九歲生日」，那樣對爸爸是很不利的。五十九了，就要趕快做六十大壽，把九字避掉。這一點，我們如果從物理學的角度觀察，就很容易理解：一個物體一旦到達拋物線的頂端，它一定會往下落，沒有例外。

（圖8-7）

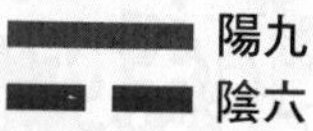

由此我們就可以看出，《易經》的卦分三路，一路是講「時」：初、二、三、四、五、末；一路是講「位」：下、二、三、四、五、上；一路是講「性質」：陽的用「九」、陰的用「六」。可是，一個卦當中，同時存在著：「時」、「位」、「性質」這三者，就必須用三個字來表述，十分麻煩，所以聰明的祖先，就把它簡化為兩個字。去掉哪一個呢？表述時間的「初」留下來，表述位置的「下」不要了；表述位置的「上」留下來，表述時間的「末」不要了。

然而，為什麼表述時間的「初」留下來，表述位置的「下」不要了；表述位置的「上」留下來，表述時間的「末」不要了呢？取捨原因很簡單：事情剛開始時，「時」比「位」重要；事情要結束時，「位」比「時」重要。

一個人出生的時間非常重要，產房的護士會詳細紀錄：「幾年、幾月、幾日、幾時、幾分、幾秒，生了一個什麼性別的孩子」。然而，一個人死亡的時間並不重要，重要的是死了什麼人？意即，死者的身分和地位比較重要。所以，一件事情剛開始，「時」很重要，「位」卻不太重要；一件事情到最後，「位」比較重要，「時」不重要。

一間商店要開張，會挑選黃道吉日；一間商店要倒閉，還需要擇吉日嗎？如果有人說：「我要找個好日子關張」，那不成笑話了嗎？商店開張，要選個好日子；商店倒閉，計算還剩下多少財產，也就是經營到最後的結果比較重要。可見，一直到今天，我們都還不知不覺地，依照《易經》的原理在處世，只是自己沒有意識到而已。

所以，卦開始的第一爻，我們採用表述「時」的「初」，而不採用表述「位」的「下」；最後一爻，採用表述「位」的「上」，而不採用表述「時」的「末」。當中就用「六、九」，來表述爻的「陰、陽」屬性。

由此可見，兩個字，可以代表三樣東西：一是時，二是位，三是性質。

理解了上述的說明後，我們就能看懂《易經》了。

翻開《易經》，「初九」就是「第一爻，屬性陽」（圖8-8）；「六二」就是「第二爻，屬性陰」（圖8-9），如此類推。日後當我們看到數字時，就能畫出相對應的卦；看到卦，就能講出相對應的數字。這和今日的數位時代若合符節。

（圖8-8）

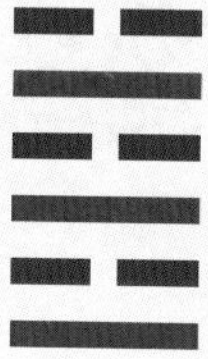

（圖8-9）

創造與配合，理想與實踐

《易經》中的爻只有兩種屬性，就是「陽爻」和「陰爻」，因為宇宙萬物萬象的變化，都是陰陽互動的結果。而六十四卦中的每一個卦，都是由六個爻組成的，除了乾卦六個爻都是陽爻，坤卦六個爻都是陰爻之外，其他的六十二個卦，都是有陰有陽。然而，為什麼《易經》要用數字「九」來代表「陽爻」，用數字「六」來代表「陰爻」呢？這當中也是有道理的。

坤（圖8-10）是純陰，是六畫，所以陰稱「六」；然而，乾是純陽，是三畫，為什麼陽不稱「三」，而稱「九」呢？因為陽是創造，陰是配合。天底下，若只有創造，沒有配合，那就是空談、空想，理想永遠無法實踐；若只有配合，沒有有創造，連方向欲往何處都不得而知。因此，中國人講「陽」的時候，一定會把「陰」帶上，稱為「陽統陰」（圖8-11）。

（圖8-10）

（圖8-11）

陰陽不能分開，所以《易經》的第一組卦，就是「乾」和「坤」。一個懂中華文化的人，一定要記住，當我們講「天」的時候，就包括「地」在內；講「男」的時候，就包括「女」在內，兩者是不會分開的。當我們尊稱別人為「先生」時，是男女不分的——男的稱「先生」，女的也稱「先生」，證明我們對男女是同等看待的，但是後人卻解釋為「男尊女卑」，這是不正確的想法。

男人能做的事情，女人都能做，可是女人能做的事情中，有一件事男人怎麼做也做不來，那就是生小孩。如果真是男尊女卑，男人很偉大，比女人尊貴，那就請男人想辦法生個小孩，以證明自己無所不能，可行嗎？當然不行！自然律就是只有女人才能生出小孩，男人生不出小孩，這是無法改變的事實。

那麼，究竟是男人重要，還是女人重要？一個對自然瞭解得非常透徹的人，就會知道只有陽沒有用，一定要帶上陰。常言道：「孤陰不生，獨陽不長」。陰陽一定要同時存在，才能生生不息。所以我們陽帶上陰（圖8-12），上下相加，就是九畫，所以採用「九」來表示。如此分析，就很簡單易懂，根本不必死記硬背。只有經過理解的事物，才能牢記不忘，這也是自然。

我們以乾卦為例，來標注一下六爻（圖8-13），大家就會發現一個問題：第一爻稱為「初九」，第二爻為什麼稱為「九二」，而不是「二九」呢？

正如前文所述，因為事物剛開始時，「時」比較重要，所以在第一爻中，我們把「初」放在「九」的前面，稱為「初九」；事物要結束時，「位」比較重要，所以把「上」放在「九」的前面，稱為「上九」。至於中間的過程，就好比人生下來以後，男女的性別就重要了，所以，把中間表述屬性的四個九，分別稱為：「九二」、「九三」、「九四」、「九五」。

（圖8-12）

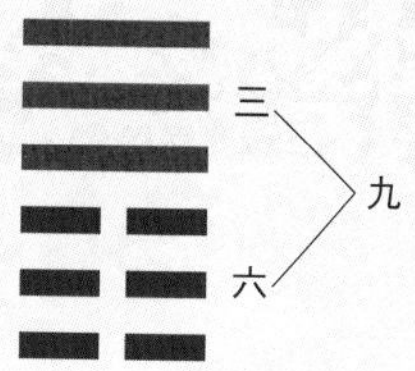

（圖8-13）

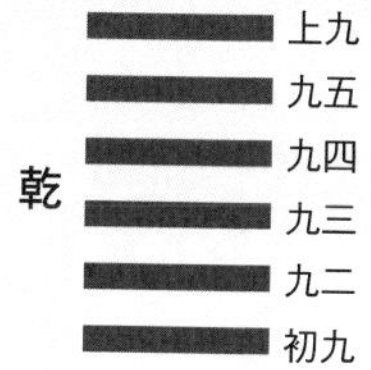

從《易經》的道理中，我們可以體會出「男女有別」的重要性。教男子的教材與教女子的教材應該有所分別。女性可以多學一些藝術、音樂、烹調，對生活會更有幫助。然而，儘管女性比較善於烹調，可是知名的大廚通常都是男性，這也說明了「陰中有陽，陽中有陰，陰陽不會分開」的道理，否則，陰歸陰，陽歸陽，極陽極陰，最後就會變成兩種人類了。

陰陽一定是交叉的。我們看DNA的圖片，它的雙螺旋結構也是交叉的。其實，科學愈發達，愈能證明《易經》的正確性，而且，很多的科學知識都能幫助我們更簡單明確地去瞭解《易經》。

人生每一個階段，都要做出不同的調整。每一個卦有六個爻，這六個符號啟示我們，要學會把一件事情分成六個階段，然後一個階段、一個階段地去調整。人也應該把自己的一生，分成六個階段，然後根據這六個階段的不同要點去調整，這是《易經》之於人生的最大功用。

孔子的生涯規畫

孔子不但讀通《易經》，而且還體悟到：每個人的一生，都是在畫自己的卦。有的人一輩子只畫一個卦就走了，有的人畫了兩、三個卦才走。每個人畫出來的卦，就是他一生的「自畫像」。孔子曾經畫了一個卦，做為自己人生奮鬥的總綱領，套用現代名詞則可稱為「生涯規畫」。這個卦對每個現代人來說，都可做為極重要的參考依據，因為只要參透了這個卦，就會知道自己的人生道路該如何前進了。

這個卦寫在哪裡？寫在《論語・為政篇》：「吾十有五而志於學，三十而立，四十而不惑，五十而知天命，六十而耳順，七十而從心所欲，不逾矩。」這段話相信每個炎黃子孫都是耳熟能詳。

「吾十有五而志於學」，點出十五歲是孔子人生的第一個階段（第一爻）。現代人可能有所疑惑：「孔子怎麼到了十五歲才『志於學』？難道十五歲以前，就不用學了嗎？」當然不是！一個人從小就要開始學習，可是如果沒有到十五歲，最好不要立定自己的志向，因為為時還太早。很多孩子從小便立志：「我長大後要做總統」、「我長大後要成為比爾蓋茲」，那都還只是玩笑話而已。現代人十五歲時，正值國中畢業，要進入高中的階段。值此之時，就要做出決定，考慮好今後要朝哪個方向學習努力。

「吾十有五而志於學」給現代人的啟示是：十五歲，是人生的第一個階段，此時應該明白自己這輩子要做些什麼，要朝哪個方面去學習，不能再猶豫不定、浪費光陰了。

「三十而立」這句話中國人更熟悉，且經常掛在嘴上。一個人十五歲的時候，確立了自己的志向，然後朝著這個志向，摸索前進了十五年之後，大概就可以歸納出自己此生的幾個原則。一個人要到了三十歲時，才可以確立自己的「人生原則」，不可以在太年輕的時候，就過於堅持人生原則；但是到了三十歲以後，還沒有人生原則，無疑是更可怕的事。擇善固執，也是這個階段所要嘗試和堅持的。

然後是「四十而不惑」。根據三十歲確立的原則，不斷去嘗試和實踐，然後檢視成效如何，要再過十年，你才可以說：「好了，我這輩子大概就這麼走下去了。」「四十而不惑」並不是指：人到了四十歲，就什麼都不迷惑了，不惑是針對個人的原則不惑，對其他的事情當然還會有所惑。孔子主張人要活到老學到老，如果四十就不惑了，那豈不是什麼都不用學了？只有聖人才能完全不惑。後人讀《論語》時太粗心大意，往往只按照文字表面去理解，並沒有參透孔子的本意，這是很遺憾的事情。人到四十，就該對自己的人生目標、人生方向和所要堅持的原則「不惑」。

人活到五十歲時回首前塵，會發現自己一路走來，好像幕後有一隻手在安排，非這樣不可。其實之所以會這樣，都是自己從小到大，點點滴滴累積起來的結果。

每一個人，都要為自己負百分之百的責任。《易經》告訴我們，一個人每二十年會改變一次；社會的世代交替，也差不多是每二十年一輪。假設你現在三十歲，你就要替將來五十歲的自己負責任。一個人到了五十歲，就該知道不必怨天、不必尤人，一切都是自己造成的。

五十歲，我們就能理解：我們一生的努力，就是在證明自己有什麼樣的命！即使到最後證明自己是不成功的，那又如何？不成功就不成功，心安理得就好。為什麼每個人都要成功呢？每一個人這輩子來到世上，是要跟別人過不一樣的生活、做不一樣的事情，而不是每個人都要一樣，更不可能每個人都會一樣，用心理學的說法是「個別差異」——世界上的你是唯一的你，沒有第二個人能完全跟你相同，這就是個別差異。既然如此，我們又為何要模仿別人呢？那是浪費時間，因為永遠學不像，最終還是要做自己。

命是誰造的？是自己造的。自己造出自己這樣的命運，又能抱怨誰？只有認了！能不能重來？沒有辦法重來！人生最奧妙的，就是你永遠無法重來，所以要學會「六十而耳順」。

為什麼要「耳順」呢？因為六十歲的人生階段中，可能會遇到很多根本不瞭解你的人，在你面前指指點點，批評譏嘲，讓你聽也不是、不聽也不是，聽了會發脾氣、不聽也會發脾氣，這時該如何自處？最好的方法是「耳順」——聽了就好像沒有聽一樣，反正你不是我，怎麼會知道我？何必對我妄加批評？又有什麼好批評的呢？

「七十而從心所欲，不逾矩」，這個階段的人生可以自由自在，但其中仍要有所約束。「不逾矩」的意思是：一個人從幼年到七十歲，始終規規矩矩，這種良好的處世態度，已經內化成為他生活中的一部分。未來的日子裡，大概也不會有太大的差錯，可以從心所欲，放心為之了。

孔子把人生奮鬥的歷程，劃分為兩個層次、境界，一個是在四十歲之前，一個是在五十歲以後。所以孔子說：「四十五十而無聞焉，斯亦不足畏也已」，也就是說，一個人活到了四五十歲，還默默無聞，搞不清楚自己要做什麼，這輩子大概也很難有所作為。孔子講得很清楚，四十歲到五十歲，是人生最重要的關鍵期。

子曰：「不怨天，不尤人，下學而上達。」如果一個人未滿四十歲，想要「上達」很難，通常只能「下學」。待至四十歲以上，才有機會上達。「下學」什麼？下學一般的學問；「上達」什麼？上達天命。最後孔子以一句話作結論，曰：「盡人事，聽天命」。記住，五十歲以前要「盡人事」——不論別人看好或唱衰，只要是應該做的事，就要排除萬難，盡全力去實行。可是到了五十歲以後，就要「聽天命」

——既然五十歲以前，已經排除萬難，也盡了全力，如果有成功的命，自然就會成功；如果沒有成功的命，也不必強求。因為所有的名與利，最後都是空的，又何必汲汲營營，辛苦強求？

孔子的實踐成果

孔子這一生，不只畫了一個卦。為了落實自己的生涯目標，孔子還另外畫了一個更重要的卦，從中，我們也可以體會出孔子在人生六個階段中截然不同的心境感受。這個卦分成上、下兩部分。初爻出現在《論語．學而》篇中「學而時習之，不亦說乎？」這句話與「吾十有五而志於學」是相對應的。

「吾十有五而志於學」是孔子人生的一個理想和計畫；「學而時習之，不亦說乎」則是他所實踐的成果。「說」通「悅」。而這個「習」字，絕對不是解釋為「溫習、復習」。現代的老師都搞錯了，一味要求學生拼命溫習、拼命復習，使學生產生厭惡學習的心態。「習」字應解釋成「習慣」，只是學了並不算數，還要養成習慣，如此才會快樂。學了以後只是記在腦子裡，不會操作，成了記憶的負擔，這還有什麼快樂可言？不過為了應付考試而已。孔子的原意是：「學了以後，要趕緊實踐在生活當中，並養成習慣。當我們發現學習可以帶來好習慣，好習慣又能帶來好收穫時，人生將會何等喜悅啊！」

第二爻是「有朋自遠方來，不亦樂乎」，這就是「三十而立」的成果。一個人到了三十歲時，在待人接物上，已建立起基本原則，朋友才會樂意與你交往，才會一有時間，就大老遠跑來拜訪你。而這個基本原則是什麼？就是要能將心比心，站在朋友的立場來思考事情，凡事不能只顧自己，不顧別人。

「四十而不惑」的成果是什麼？就是「人不知而不慍」。「慍」意指「小小的生氣」。雖然你對自己的原則已經不惑了，可是別人會有惑，別人會說：「你怎麼這個樣子？」遇到這種情況，我們完全不用生氣，因為別人沒有辦法瞭解你，你又何必生氣？「人不知而不慍」，對現代人而言，是種高難度的修練。今天有許多人剛好相反，是「人不知而大怒」甚至破口大罵：「你不知道我是誰嗎？瞎了眼了！」完全與孔子的修為背道而馳。

正所謂「隔行如隔山」，我們不會認識所有的人，別人也不一定會認識我們，因為沒有這個必要。在所有的運動明星裡，我只知道姚明，因為姚明的個子特別高，其他人我一概不知。如此，你就可以想像，即使你在自身的行業裡再優秀、再特別，但走出這個圈子，別人還是不見得會認識你，這是很自然的事情，只要你自己不迷惑就好，別人怎麼想、怎麼看，那是別人的事情，你完全沒有必要生氣。

「五十而知天命」對應「發憤忘食」。由此觀之，一個人不能從小就發憤忘食，太早發憤忘食是沒有意義的。因為那個階段人的志向未定、原則不明，還不清楚自己這輩子要做些什麼。在方向未明之前，發憤忘食是危險的。萬一走錯方向，一路發憤下去，最後一定會自我毀滅。

一個人要「發憤忘食」是有條件的，必須等到「不惑」之際，清楚自己這輩子要走的道路後，才可以「發憤忘食」，這個時候就不能再計較，也沒什麼好猶豫了。

「六十而耳順」的成果是「樂以忘憂」。什麼是「樂以忘憂」？有人解釋成「高興到忘記憂愁」，試想，一個人如果明明身陷愁雲慘霧之中，卻還能表現出歡樂的模樣，這種人不是糊塗，便是麻木不仁。「樂以忘憂」應該解釋為「把所有的憂愁都當成是樂趣來對應」——這件事之於別人是憂愁，之於我卻是樂趣，因為這是我要做的事情，這就是我的命。別人覺得我辛苦，那是別人的觀感，又與我何干？

一個人在自己的工作當中，若是還有憂，還有懼，還有慮，還有很多阻礙，就表示自己還沒有發憤忘食，還沒有全力以赴。一個人找到自己要做的事，就會忘記辛苦，但這只是初步而已。往後，還會有很多人打擊你，在背後議論你，甚至公開向你挑戰，想抓你的小把柄，而你若能抱著「無所謂、本來就是這樣」的態度，一笑置之，這才算是「樂以忘憂」。同樣的事情，如果發生在別人身上，他們會覺得很憂慮；但是於你看來，這是一種樂趣，因為接受有具體目標的挑戰，也是樂趣的來源之一，這才是《易經》有陰有陽的一種變化。

「七十而從心所欲，不踰矩」的成果，孔子用「不知老之將至」來表述。孔子從來都不覺得自己年紀大了，因為他根本沒有年紀大的觀念。一個人怎麼做都很自在，都沒有苦惱和困擾，又怎麼會覺得自己老了呢？

人要服老，不要認老。生理年齡的增長是誰都逃不過的，但是精神、心理的狀態，每個人都能有所不同。孔子永遠保持年輕，就是因為他擁有這樣一個具體實踐的結果，而這些結果，全都記載在《論語》裡（圖8-14）。當我讀完《易經》以後，再重新讀《論語》，才知道孔子真是了不起！

（圖8-14）

第一爻	學而時習之，不亦說乎	十有五而志於學
第二爻	有朋自遠方來，不亦樂乎	三十而立
第三爻	人不知而不慍，不亦君子乎	四十而不惑
第四爻	發憤忘食	五十而知天命
第五爻	樂以忘憂	六十而耳順
第六爻	不知老之將至	七十從心所欲，不逾矩

卦辭、爻辭與用九、用六

其實每個人一生都在畫卦，孔子畫了許多卦，所以，我們要接著探討《易經》裡的卦。

《易經》是以八卦做基礎，所以講《易經》時，八卦就代表六十四卦。然而，既然有六十四卦，就要為每一卦取一個代號，稱之為「卦名」，例如：乾卦、坤卦、既濟卦、未濟卦、泰卦、否卦……等等。可是，當卦名訂定後，大家仍不明其所以然，因此，還需要用「卦辭」來輔助說明，為什麼這一卦要取這個卦名。

卦是代表大的環境，在每個大的環境裡，都還會產生各種不同的階段變化，就稱之為「爻」。一個卦有六個爻，便啟發我們：「任何一件事情，最好把它分成六個不同的階段，然後再去探究它的階段性變化，大概就能八九不離十的得知最後結果。」

既然一個卦有六個爻，我們就給每個爻不同的爻辭，來說明這個卦處於此一階段的特性為何？要注意哪些事項？如此一來，當我們看到一個卦的時候，從整體大環境到內部的小細節，都能環環相扣，十分清楚明瞭。

六十四卦裡，除了卦辭和爻辭以外，還有「用九」和「用六」。凡是陽（⚊）出現時，我們就知道它是「用九」；凡是陰（⚋）出現時，我們就知道它是「用六」。

「用六」比較單純，意指當陰爻出現時，只有一個原則，那就是對你的人、對你的事要忠誠到底。因為陰是配合的，配合的人不能有太多的主見、太多的主張，而是要全力輔佐、從一而終。

「用九」比較複雜，意指當陽爻出現時，它就是創造性的。一個有創造性的東西，不能亂變。所以用九啟發我們：雖然你是陽，理當開創、創造，但是你要完全把握住不同階段的特性，不能只想到創造，否則變到最後，淪為亂變，就會禍患無窮。所以用九要非常小心，要告誡自己：「就算是陽剛十足，就算是創造力無窮，也要注意階段性的調整」。因此，同樣是龍，有的龍可以飛，有的龍還不能飛，要依據自己所處的位置、特性，做適當的發揮，不能隨便表現。

想學習《易經》裡的卦，一定要從「乾卦」開始研究。下一講我們就要解讀「何謂乾卦」？

易經的奧祕

解讀乾卦

——適時改變，人生就是階段性的調整

【解讀乾卦】

適時改變，人生就是階段性的調整

易經的六十四卦，代表了宇宙人生的六十四種情境，也啟發我們在人生的不同階段中，應該如何調整應對。因此，想要解開《易經》的奧祕，可以從其中具有代表性的卦象著手，逐一玩味賞析，透過卦爻辭的提示，來對應調整自己的人生。

《易經》將宇宙人生的密碼歸納為六十四個，而其中第一個就是「乾卦」。把乾卦這個密碼的六爻逐一拆解，可得到六個字：「潛、現、惕、躍、飛、亢」（圖9-1）。請記住，《易經》的卦爻，一律要由下往上讀。

（圖9-1）

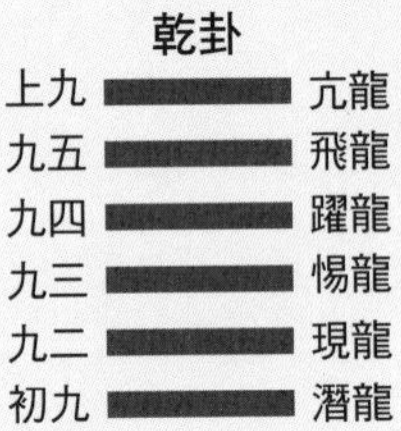

乾卦六爻都是龍，可是處境卻大不相同，所以又特別提醒我們「群龍无首」——「无首」指的就是「不固定的方法」。即使這六條龍是同樣的龍，但是處於不同的階段，就該有不同的表現，不可以只用一種方法打通關。

「群龍无首」這句話寫在什麼地方？寫在一個非常特別的地方，稱為「用九」。整部《易經》的六十四卦中，除了乾卦有「用九」、坤卦有「用六」之外，其他卦都沒有「用九」或「用六」。所以要解析乾卦，應該先明白何謂「用九」。

乾卦的「用九」是：「見群龍无首，吉。」這句話的意思是：「當你表現出群龍无首的情況時，你就大吉大利了。」這不是很奇怪嗎？我們平常想到或聽到「群龍无首」的時候，都是指負面的、貶義的，形容一個團體沒有人領導，亂七八糟的情況。可見這是幾千年來，後人傳來傳去傳錯了。因為群龍无首如果解釋成：「一個團體沒有好的領導，大家亂成一團」，那就不可能是吉。

「群龍无首」的意思是，即使你是龍，很了不起，但是處於不同的階段，就要做出不同的調整，不能因為自己是龍，就一路橫行到底，否則下場會很慘。用現代的觀點來看，「見群龍无首」可解釋為：「在人生不同的階段，要做出不同的調整。」所以，我經常建議大家：「人生要做階段性的調整。」做好人生的階段性調整就是「見群龍无首」。所以有時候，我們把文字誤解或扭曲了，這是很可怕的事情。

乾卦把人生分成六個階段，每個階段差不多是二十歲。當然，二十歲只是個參考數字而已。有的階段可能短短數年，有的階段可能長達數十年，有的人可能到第三個階段就離開了，這些情況都有可能發生。

這六個階段可分別用六個字來代表，由下而上依序為：

第一個階段「潛」。就是潛藏起來，暫時不要表現。

第二個階段「現」。中國人通常不會馬上表現，都是先潛藏，等待合適的機會才表露出來。

第三個階段「惕」。代表「警惕」，如果一個人不表現，偶爾鬆懈警惕，還不至於釀成災禍；一旦有所表現，卻不知警惕，所有的缺點都會慢慢暴露出來。人只要一表現，來自四面八方的打擊便會接踵而至，所以一定要提高警惕，防範打擊。

第四個階段「躍」。躍就是要想辦法、找機會去登龍門。人一生一世的努力，就是在等待這個機會，看看能不能鯉魚躍龍門。一登龍門，便身價百倍。萬一躍不過去，摔了下來，也不必怨天尤人，準備辦理退休就好。

第五個階段「飛」。這是人生的一大轉捩點，躍上龍門，便飛龍在天，是人生最得意的狀態，所以稱之為「飛」。

第六個階段「亢」。警示意味很強烈。飛龍在天，很風光，可是《易經》也告戒我們，當發展到第五個階段時，就要懂得「適可而止」，不能再過分強求了，再過分就是高亢，所以第六個階段是「亢」。如果你的事業已經發展到一定程度，也經營得很平順，就不要再盲目強求擴張，再下去，可能會因為過度擴張而倒閉，最後落得「亢龍有悔」的下場。

潛龍勿用

乾卦第一爻的爻辭是「潛龍勿用。」「潛」是要人做好充分的準備，而不是躺在那裡，什麼都不表現。有能力的人才需要「潛」，沒有能力的人，根本無所謂「潛」。

第一階段，潛龍勿用（圖9-2）。這個「勿」不等於「不」。不是指一個人處於潛龍的階段就不要用。「勿用」不是不用，「非禮勿視」你要不要看？「非禮勿言」你要不要講？「勿」跟「不」並非同義詞，「勿」其實包含「要」的意思，「勿用」就是站在不用的立場來用，才不會亂用。

乾卦

初九

潛龍勿用。

（圖9-2）

向來中國人有意見，都會先推說：「我沒有意見」。如果你說自己沒有意見，別人也不再追問，那就表示即使你講，人家也不會聽，那你還有講的必要嗎？很多時候，老闆問員工有沒有意見，員工多半說沒有。老闆說：「有就說啊！」你還說沒有，老闆再堅持讓你說，這時，你就一定要開口了。到了第三次還不說，那要等到何時才說呢？

為什麼中國人一定要「推、拖、拉」？許多人不瞭解箇中奧妙——「推、拖、拉」的目的，是要推給最合適的人，而不是要把時間推掉，也不是要把責任推掉。責任是絕對推不掉的，推責任只會浪費時間。推拖的目的，是推來推去，推給最合適的人接手。

開會時，第一個發言者，通常分量最輕，沒有人會聽他講些什麼。我經常有機會接觸公司高層人士。有一次，我坐在一位總經理身邊，旁聽他們開會。

會議一開始，總經理說：「我們大家都很忙，抽出時間開會，大家有話就要說，不要客氣。」然後就有人舉手，第一個開始講話。可是總經理卻一直跟我聊天。我很不好意思的提醒總經理：「老總，你要員工講話，員工講話時你又不聽，一直跟我講話，這樣不好吧？」他說：「怎麼不好？有什麼不好？我告訴你，他講的話沒有一句可以聽的，這種人講話，我再注意聽，那我不是鼓勵壞人嗎？我跟你講話沒有別的意思，就是暗示他不要再講了，再講我要給他難堪了，可是他連這個都不懂！」

所以我們就知道，開會時，最好先禮讓別人發言，如果聽來聽去，別人的意見比我好，我就要暗自慶幸，如果搶先講了，那不就貽笑大方。聽來聽去，別人的意見還不如我，那我就要講了，此時不講，更待何時？這是多麼有利的方法！為什麼一定要爭先呢？現代人都搶著爭先，就是不瞭解老子的思想。

老子說：「後其身而身先，外其身而身存。」我們可以慢慢去體會，其實老子也是要爭先的，道家也是很積極的。只是老子是站在「不爭先」的立場來「爭先」，才不會「亂爭先」而已。就像「潛」的意思，是站在「不要」的立場來「要」，才不會「亂要」；站在沒有意見的立場來發表意見，才不會亂說話。

同理，當你日後上台發言時，發現台下有人嘰嘰喳喳，你就知道大家不想聽。既然大家不想聽，你還講什麼？純粹是浪費時間。你要第一個發言可以，但不要舉手。你先看看別人，一圈看過去，有人看你，你就請他先講，他一定推說不要，而且會請你先講。你再請其他人先講，所有人都不肯，那時，你再站起來講，沒有人會嫉妒你，因為你已經謙讓了那麼多人，此時就可以「當仁不讓」。如果你連一個人都不肯讓，便自顧自地站起來發言，那就表示你完全目中無人，誰還願意聽你講些什麼？

中國人會「推、拖、拉」是有用意的，代表我對你有禮貌，我尊重你，你要先講，我一定不跟你搶，但是你們誰都不肯先講，那只好我先講，這時候才是當仁不讓。所以，同樣是第一位發言，會收到兩種截然不同的效果，其實就是這麼一點點差別而已。

「潛」的最終目的，就是為了要表現。「潛」如果是什麼都不作為，那就乾脆連「潛」都不要。《易經》講「不」就是「要」，因為它是「一陰一陽之謂道」，「要」與「不要」是連在一起，分不開的。

諸葛亮「潛」了二十七年才「現」，所以他一出山，就有令人驚豔的表現。如果他只是窮耕南陽，整天在山上種菜，過著不問世事的日子，劉備請他出來又有何用？所以，與其說是劉備自己去三顧茅廬，不如說是諸葛亮設下一個局：他先在老百姓心中建立良好形象，然後，就有人去劉備面前誇獎他，讓劉備不得不移樽就教、三顧茅廬。劉備哪裡是主動去的？可是大家都認為是劉備主動的。所以，諸葛亮的過人之處，就是做到能讓別人來拜託他，而不是自己推銷自己。

反觀，現代人經常把「自我推銷」掛在嘴邊，那就是「自我作賤」，把自己當成商品了。人是商品嗎？當然不是！現今有很多道理被扭曲了，只是我們不明白。只要能讀懂《易經》，我們就能調整過來。

當你準備好了，還必須再三觀望，確定沒有人比你更好，這時才出手表現。萬一你準備好了，卻發現有人比你更好，此時乾脆不要表現，至少不會出醜。人不表現，就不會出醜。人不開口，別人搞不清楚有多大內涵；一開口，五臟六腑都被看得一清二楚。所以，一定要做好充分準備，才能站出來表現。

一個人做好充分準備，還要等待時機來臨。如果時機不對，還是得潛。諸葛亮老早就準備好了，但是時機不對，所以他不出山。

然而，如果時機到了，諸葛亮不出山也不行。倘若劉備三顧茅廬，諸葛亮還不下山，那麼，他這輩子就註定要默默無聞了，歷史不會記上一筆，我們也就不會知道，原來這世上曾經有諸葛亮這號人物，他也就白白活過一生了。坦而言之，神算如諸葛亮，當他下山時，早已預知自己這輩子是不會成功的。他之所以同意下山，完全是有感於劉備的誠懇。「知其不可為而為之」，是諸葛亮性格中最偉大之處。他並非胸有成竹才下山，因為他知道：「人對了，可是時不對；而時不對，人對也沒有用。」

見龍在田，利見大人

「潛」是做好充分準備，蓄勢待發。在此基礎上，一旦看準時機，就要充分地「現」。不現則已，一現就要「見龍在田，利見大人」（圖9-3）。什麼是「大人」？「大人」與「聖人」又有何不同？

（圖9-3）

見龍在田，利見大人。

其實老百姓最清楚什麼是「大人」，什麼是「聖人」。當老百姓呼喊：「大人啊，」下面一定是接「救命啊！」只有大人才會跟救命相連結。有誰聽過老百姓呼喊：「聖人啊，救命啊！」聖人怎麼會救命呢？聖人只會教訓人，怎麼會救人？會救你命的是大人，會教訓你的是聖人。一個官不論他的職等多小，只要能管轄到你頭上，他就是大人。聖人只是擺著好看的，雖然他道德修養好，又滿腹經綸，很會講道理，但是卻救不了人。如果聖人能救人，天下早就太平了。自古以來出了多少聖人，可惜就是救不了世人。

「利見大人」有兩層含意：

第一，你要表現出大人的風範，不要小家子氣。一個人不表現則已，一表現就要讓人感受到其胸懷寬廣、氣度不凡，能公而忘私，照顧身邊所有的人。若能有此風範，眾人就會擁載你，幫助你扶搖直上，不加阻擋。有的人稍一表現，就讓人感覺自私自利，踩在別人頭上，一心成就自己，這種人必然遭受眾人排擠。「現」的本身，也是有陰有陽，表現得受大家歡迎時稱為「利見大人」；表現得激起公憤，引人嫉妒，使人磨拳擦掌，等不及要整你、報復你，那就是「小人」。所以，一個人如果激起別人的嫉妒心，不完全是別人的問題，自己也要檢討。

自己問心無愧，表現出大人風範，能讓群眾都感覺你這個人有一套，自然就會「利見大人」。但是，表現的前提是不能傷害到別人。如果你很有本事，但是會傷害到別人，那麼，別人就會趁你還不成氣候時，第一個先除掉你。現代社會中，有太多的年輕人，一進入職場就遭受強烈的打擊，於是，從此對社會失去信心，變得比誰都壞，這是非常可憐的。

第二，你要得到大人的賞識。「九二」的表現若是不能得到「九五」的賞識，是成不了氣候的。上面那個重要的主管賞識你，你能獲得主管的栽培，才可能有所作為，因為每個主管喜歡的風格是不一樣的。

主管至少可分成兩種類型，一種是「視覺型」，這種人不太使用耳朵，下屬講什麼，他根本聽不入耳，但呈上書面報告，他就能瞭解得一清二楚；另外一種主管是「聽覺型」，這種人不太使用眼睛，下屬寫了半天書面報告，他只覺得煩，不如直接講給他聽就好。這也是陰陽的道理。所以身為下屬，要先判斷主管屬於何種類型。如果是「聽覺型」，那你就口頭報告；如果是「視覺型」，你口頭報告沒有用，因為他前面一聽，後面就忘了，然後又問你一次，這時你還要再講嗎？肯定是不能再講了。直接寫成書面上呈，主管就會覺得你這個部屬很不錯。

做部屬的人要知道，只有上面的「大人」才能救你的命。只要上級認為打擊有理，你第一時間就出局了；上級認為你是被冤枉的，你便立刻能從十八層地獄中超脫。

因此，「利見大人」一方面是指自己，一方面是指上級。

君子終日乾乾，夕惕若厲，无咎

乾卦啟示我們，只有在做好充分準備時，才可以開始表現出自己的才能。然而，一旦我們嶄露頭角後，就要非常戒慎警惕了。所以在人生的第三個階段（圖9-4），需要高度地警惕。我們知道，諸葛亮一下山就面臨著各種嚴峻的考驗，關公不服他，張飛也不甩他。他們心想：「我們跟劉備是結拜兄弟，你算老幾？」事實上，就連劉備一開始都沒有很重用諸葛亮。劉備剛開始只是把他當成一個顧問而已，後來是諸葛亮表現得非常好，讓關公、張飛都服氣了以後，劉備才正式拜他為軍師的。

（圖9-4）

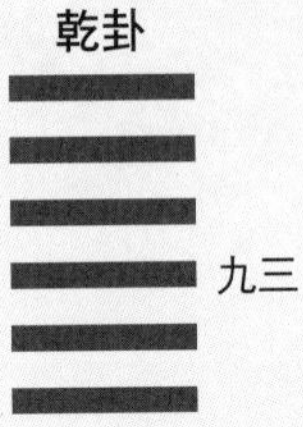

君子終日乾乾，
夕惕若厲，无咎。

一個人，不表現則已，一表現，就必須承受來自四面八方的打擊。試想，如果你要出手打人，你是打弱小的人還是打強大的人？你打弱小的人，那就是欺負弱者，傳出去顏面無光，所以要打就打強的。他表現好，才要打擊，表現不好，又何必浪費力氣？這是人之常情，不要認為這種心態不好，這跟好或不好沒有關係。

我們專門喜歡打擊老闆賞識的人，打小報告，也都專打那些被老闆看好的人。老闆看不起他，打小報告做什麼？根本沒有那個必要。有些人覺得很奇怪，明明自己做得這麼好，怎麼老受打擊呢？其實，換個角度思考，那麼多人打擊你，就表示你做得好；如果沒有人打擊你，就表示你根本在混日子。很多事情我們可以從不同角度思考，凡事不要想得太片面。

乾卦的第三爻，出現了「无咎」兩字。有別於一般人的認知，《易經》中所追求的人生境界是「无咎」，而不是所謂的「大吉大利」。

真正懂《易經》的人就知道，陰陽是並存的，吉凶是連帶的。所以大吉大利並不可喜，因為吉的後面一定伴隨著凶。當你有所得時，也必然會有所失。人不可能只佔便宜，而不吃一點虧。例如開店做生意，如果生意很好，那你就會很忙，忙到沒時間看電影；如果生意不好，就賺不到錢，卻有很多時間看電影。這就要視你自己的選擇而定，不可能天底下的好事你全包，而所有不好的事都與你無關，因為有一得必有一失。

《易經》追求的境界是「无咎」而不是「大吉大利」。很多人都認為「无咎」就是沒有過錯，那是不可能的。人怎麼可能沒有過錯呢？人活著，只要眼睛沒有永遠地閉起來，就一定會有過錯，只是程度不同而已。「无咎」就是你只要行得正、做得正，就算有點小過錯，大家也很容易諒解你，因此不會招來什麼凶禍。

一般人都喜歡大吉大利，然而，我們更應該知道：「大吉大利」與「凶險禍患」是一體的。當別人把你捧得愈高時，你就要提防，掉下來的時候是愈慘的。無緣無故爬那麼高做什麼？爬低一點，萬一掉下來，頂多摔疼了；再爬高一點，骨頭就摔斷了；若是還要再高，人就摔死了！

人有沒有必要爬得那麼高？關於這點沒有標準答案，需要個人自行斟酌。順理成章，該爬高就爬高。

倘若不必要，那就適可而止。一個人只要心安理得，不論居於什麼位置，都能快樂自在，有這樣的修養就對了！

「不勉強追求任何事情，但是要盡力。」換句話說，「我會盡力，但是我不勉強。」人生在世，許多事情都應當抱持這樣的態度，包括讀書在內。你去讀一個科系，讀到最後很吃力、很辛苦，那我勸你還是不要學了，因為事實已經很明顯，你不適合學這個科系，為何一定要學呢？現在籃壇出了一個姚明，很多媽媽就鼓勵兒子長大也要當姚明，那豈不是要害死孩子嗎？在這個世界上，姚明只有一個，沒有第二個。所謂：「時也，運也，命也」——時機對了，運勢到了，身高夠了，所以姚明就揚名了。現在做父母的，拚了命想養出比姚明還高的小孩，卻沒有想過萬一孩子太高，可能坐計程車都塞不進去。

千萬記住，此一時也，彼一時也。時一變，整個情勢就都變了。讀《易經》最重要的就是一個「時」字。孔子被譽為「聖之時者」，他的特點，就是能隨時隨地把「時」調整得很好。

乾卦用九：「見群龍无首，吉。」這句話是非常重要的。即使是龍，本身一切條件都很好，也不能堅持要一路走到底，否則下場會很慘。該潛就潛，該躍則躍，該停就停，該看才看，人生便能愉快自得。用中國人很熟悉的一句話來形容，就是「能屈能伸」。做為一個人，一定要能屈也能伸——目前情況於我不利，我不妨先委屈一下，不要吭氣；等到於我有利之際，我才出聲。但出聲時要很小心，以防別人打擊我。說話時要很謹慎，不能把話說得太滿。一旦你把話說得太滿，馬上就有人傳到老闆耳裡。老闆可能會想：「機會是我給你的，你今天卻這樣自鳴得意，下次不給你機會了。」這就是「禍從口出」，一旦老闆不給機會，下屬就前途無望了。

人一旦開始有成功的感覺，往往就容易自滿。一自滿，講話就會傷人，傷人的言語傳播出去，最後又變成回馬槍刺傷自己。許多人吃過這種虧，只是不明究裡。

「夕惕若厲」就是警惕再警惕，白天晚上都要警惕。有人認為，此舉豈不終日緊張兮兮？其實不然，「警惕」指再充實、再準備，準備下次再跳躍，不然何必準備？

九四，或躍在淵，无咎

乾卦分為兩部分，一部分是上乾，一部分是下乾（圖9-5）。第一爻代表第一階段；第二爻代表第二階段；第三爻代表第三階段，這三爻稱為「下乾」。第四爻到第六爻，則稱為「上乾」。很多人還沒走完下乾就沒命了，也有很多人稍微有一點表現，就遭受別人打擊，於是成天緊張兮兮，這個不敢做、那個也不敢做，一直到退休，什麼作為都沒有。

要走到上乾，就必須要更充實，更有毅力，下一次要表現得更好。所以第四階段（圖9-6）「或躍在淵」，有一個「躍」字。鯉魚躍龍門，就看躍不躍得過去，一躍過去，身價完全不同；躍不過去，則如落深淵，掉下去摔得很慘。

（圖9-5）

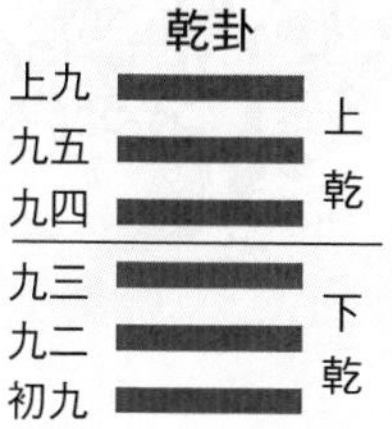

（圖9-6）

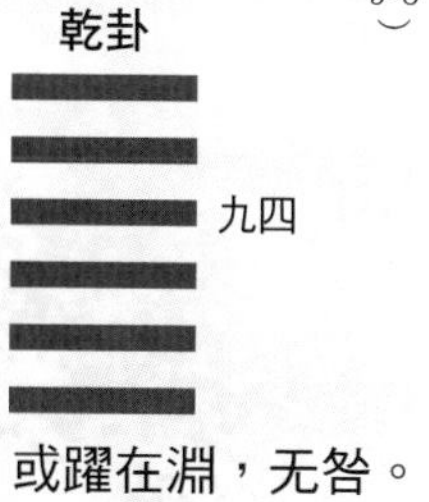

第四爻，「或躍在淵，无咎」；第五爻，就是第五階段（圖9-7），「飛龍在天，利見大人」。一個是「飛

龍在天」，一個是「或躍在淵」，兩相對比，正好是「飛」和「躍」，「天」和「淵」，所以有個成語稱為「天淵之別」。兩者就差那麼一點，飛上去了，便身價百倍，不可同日而語。在人的一生當中，最神氣、最了不起的就是第五階段，稱為「九五之尊」。

（圖9-7）

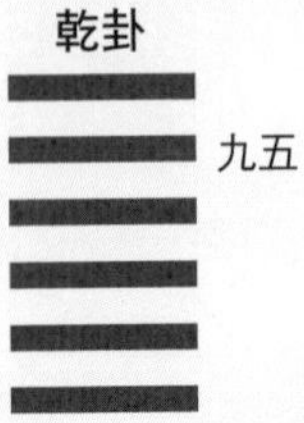

飛龍在天，利見大人。

九五，飛龍在天，利見大人

第五爻的「利見大人」，一方面是自己要表現出「大人」的風範，一方面則要能和下屬心連心。否則，居於第四爻的人，會經常拿你當目標，看你的笑話，等著把你拉下去的那一天。

一個主管說話，下屬不聽他的，結果出了錯，他還可以推拖：「都是你們不聽話」；然而，一旦下屬唯令是從時，做主管的就只能一肩扛起，責任更重大了。所以，九五「飛龍在天」，表面看似風光，實際上卻動輒得咎。若是九五發號施令，所有人都唯令是從，那麼，九五就要揹負完全責任了。

當九五發號施令後，自己一看不對，趕緊修改，就會有人說他「朝令夕改」；九五要再考慮，那就是「猶豫不定」；九五馬上表現，那就是「剛愎自用」。到了九五這個位置，就真的沒有那麼容易的事了。

身處九五尊位，可能會覺得自己很神氣，當了大主管，想怎麼樣都行，但事實根本不然，往往是椅子還沒有坐熱，人就被換掉了。

到了「飛龍在天」的時候，你就要衡量一下自己的所作所為，是不是能存公而忘私，因為你的地位很高，所有的人都看得到你。曾子曰：「十目所視，十手所指，其嚴乎！」只要你稍有動靜，所有人都看得清清楚楚，每個人都知道你在玩什麼把戲，騙不了任何人。所以，要坐穩九五的位子，首要之道就是表現出「大人」的風範。

除了表現出大人風範外，九五底下，一定要有得力的幹部，他們所做的事情只有一個，就是「鞏固領導中心」。一個人光靠自己怎麼成大事？底下一定要有得力下屬來鞏固你，但是，你一定要懂得適可而止，因為九五上面，還有一個上九，稱為「亢龍有悔」（圖9-8）。

（圖9-8）

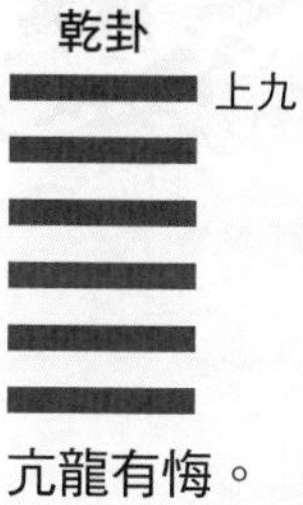

上九，亢龍有悔

如果把九五稱為「老大」，那麼上九就稱為「大老」。老大上面還有大老。每個人都要記住，人上有人，天外有天，最好適可而止，不要認為自己什麼事情都可以決定，可以說了算，否則，一旦「亢龍有悔」，下場是很淒慘的。

乾卦上三爻為「上乾」，下三爻為「下乾」，這兩部分當中，是有條分界線的。很多人一輩子只走了下乾，根本沒機會走到上乾。人生最高的期望，就在上乾的九五——飛龍在天。我們一輩子的努力，一輩子的希望，都寄託在有朝一日能夠「飛龍在天」。

但事實上，只有百分之二十的人，可以飛龍在天；百分之八十的人，一輩子都不可能做到。即使如此也沒有關係。雖然這輩子九五無望，至少還有九二可以表現。所以我勸很多人，不要把目標擺在九五，因為那樣太辛苦了！

如果你現在是潛龍，一定要記住「潛龍勿用」，不是「潛龍不用」。要先充實自己，準備周全，找到好時機便大展身手，這樣就能進入九二。人要不要表現，一定要看時機，永遠沒有時機，那表現又有何用？《易經》的道理值得我們深思，參透了以後，自然能發揮功用。

《易經》的思維，隨時隨地都是非常管用的。乾卦啟示我們，當遇到不同情況時，就要做出合理的調整。

子曰：「君子不器」，作為一個君子，不能把自己固定下來。如果一個人堅持「我就是這個樣子」，現實就會讓他付出慘重代價。一個人必須要隨著時的不同而有所改變，有時候是這樣、有時候是那樣，如此才是有彈性的，才能適應各種不同的情況。

中國人常常用：「了不起，有兩把刷子」來讚美一個人。做為龍的傳人，最起碼要具備兩把刷子，而這兩把刷子就是「一陰一陽」之謂道。而且，這兩把刷子還不能固定用途，不可以指定這把是刷衣服、那把是刷鞋子，因為君子不器，一旦用途被固定，就會失去彈性。

孔子之所以被稱為「聖之時者」，就是因為他最懂得什麼是「時間」——時間就像流水，永遠不停息；時間一旦消逝，永遠不回頭。所以，孔子告訴我們，一切的一切，就屬「時」最重要。

「時」決定一切，時勢造英雄。當時勢不利，就算人再了不起，最後仍是徒勞而無功。諸葛亮下山，不得其時，最後也是沒有結果的。用現代的觀點說明「時」，就是要能「與時俱進」。何謂與時俱進？就是人要隨時調整步伐，隨時改變身段，隨時用不同的方法，來應對不同的情況。

將乾卦的啟示運用於社會人群

《易經》是解開宇宙人生奧祕的一部寶典，能帶來人生不同階段的分析和啟示，幫助我們調整步伐，與時俱進。但如果《易經》講來講去，都只是在討論人的部分，那麼《易經》的功能，充其量只是引導人類好好做人，如此而已。然而，我們開宗明義便指出：《易經》是一部能夠解開宇宙人生密碼的寶典，因此，《易經》的功能，並不侷限於人的本身，而是能夠應用於宇宙一切的人、事、時、地、物之上。

我們以乾卦的初爻「潛龍勿用」為例。從事科學研究時，要不要遵循「潛龍勿用」的原則？當然要！一名科學家，做研究時一定要牢記「潛龍勿用」的道理。發明出一樣新東西，不能立刻發表、呈現，而是要先觀察它對人類是有益或有害的。萬一是有害的，就要趕緊銷毀它，不能讓它生產行銷，危害人類。

如果科學家只顧研發、商人只管行銷、消費者只圖方便，沒有人去考量後果，禍患將是難以預料的。就像現代人普遍使用的塑膠袋，便是非常典型的例子。奧地利的科學家馬克斯・施舒尼研發出塑膠袋時，發現這種袋子並無法在自然環境中分解。因為他是位有良心的科學家，於是便立刻請求公司暫緩生產，直到能找出妥善的解決辦法為止。

然而，唯利是圖的老闆，當著施舒尼的面保證不生產，一轉身，卻又下令工廠全面生產——這就是商業化的結果。後來施舒尼在良心的譴責下，走上了自殺一途。

當今社會每研發出一樣商品，都要求要有「賣點」。然而，除了賣點之外，我們更要關心的是：這個商品會不會帶來後遺症？會不會破壞或污染環境？用久了會不會傷害人體等等。

從上述事例中不難看出，一件事如何恰到好處地拿捏分寸，是極為重要的一門學問。《易經》乾卦啟示我們，不論科技也好，人生也好，處理事物時的分寸拿捏尤為重要，而「潛龍勿用」就是人生第一道考驗的關卡。

學習乾卦，從「潛龍勿用」的道理入門，在日後的人生中知所警惕，必能有所收穫。而乾坤兩卦是《易經》的門戶，它們是合而不分的。所以，接下來我們要「解讀坤卦」。

易經的奧秘

解讀坤卦

——全力配合，紅花也需要有綠葉陪襯

【解讀坤卦】

全力配合，紅花也需要有綠葉陪襯

乾卦代表天，坤卦代表地，乾卦和坤卦，就如同天和地一樣，既是完全相反的，又是永遠分不開的。如果我們把乾卦視為「領導之道」，那麼，就可以把坤卦視為「輔佐之道」。

「百姓日用而不知」這句話大家非常熟悉。事實上，炎黃子孫每一天都活在《易經》的世界裡，只是我們不知道自己正在活用它而已。坤卦的卦德為何？那就是：「我全力地配合你、誠心地支持你、滿懷歡喜地成全你。」

乾卦有「用九」，坤卦也有「用六」，但是，坤卦的「用六」與乾卦的「用九」是不一樣的。因為乾卦是發散的，是向外的，所以它要「變」，時時刻刻像隻變色龍，才能適應環境。而坤卦「利永貞」，它是「不變」。乾坤兩卦並列，一者變、一者不變，才符合陰陽的道理。倘若兩者都不變，那就固定了、僵化了；而兩者都改變，那就亂套了、無從掌控了。所以乾卦用九「見群龍无首，吉」、坤卦用六「利永貞」，兩者是非常適切合理的配合。

坤卦的「利永貞」，意思就是身為員工的，時時刻刻都要對自己的老闆忠誠，這一點絕對不能改變。

作為部屬，對外不管用什麼策略，出什麼招式，但是對於自己的老闆，一定要忠心耿耿。

乾卦自動自發，是向外拓展，具創造性的。而坤卦則剛好相反，表現內斂含蓄，是向內收縮，積極配合的。試想，如果所有人都在創造，沒有人願意配合，人人各自為政，各行其是，人類的正常秩序必然崩毀。「紅花也需要有綠葉陪襯」，這句話非常重要——如果滿園都是紅花，沒有一片綠葉，這樣的景緻動人嗎？也許只會嚇人！

每個人的性格不同，應該根據各自不同的特點，扮演不同的社會角色。如果我的性格不適合當領導，那麼我就不走乾卦，我走坤卦，好好地配合別人，這才是明智之舉。

其實做人最好的辦法，就是把功勞統統歸於他人，如此一來，半個敵人都不會有。人只要有功勞，就會有敵人，何苦要為自己招來敵人呢？《易經・繫辭》：「乾道成男，坤道成女。」如果我們把坤卦和乾卦合在一起，會覺得「乾」代表「男」、「坤」代表「女」。然而，乾道一定是男性嗎？坤道一定是女性嗎？其實不一定。中國歷史上，把坤道發揚得最好，運用得最有效的人是誰？這個人不是女人，相反的，他是個男人，那就是明朝的鄭和。可能有人認為：「難怪，他根本不是個男人，因為他從小就被閹割了。」事實上，也不見得如此。鄭和能把坤道實踐得最好，與去勢與否並沒有太大關連。《易經》告訴我們，陰陽是不分的，內在和外在缺一不可，不能太執著於外表的形象。

鄭和一生得益於一句話：「公道自在人心」。他從兒時便備嘗委屈，受盡羞辱，就是憑藉著這句話來鼓舞自己。羞辱只是一種感覺，當你心中不存在著這種感覺時，就不會有羞辱的產生。鄭和不辱使命，七下西洋，而且從不居功自傲，本著公道自在人心的信念。鄭和把坤道的每一爻都發揮到極致，因此，原本地位卑賤的他，日後成就非比尋常。

履霜堅冰至

坤卦的第一爻，我們稱為初六（圖10-1），爻辭是：「履霜堅冰至。」意思就是，當我們腳踩到霜的時候，就應該聯想到，今年冬天會很冷，要提早做好禦寒準備，不要到時候來不及。規律漸進的節氣改變，是老天的優點之一。在初冬的時候先霜降，就是在警告萬物：天氣慢慢要變冷了，該去做過冬的準備了。

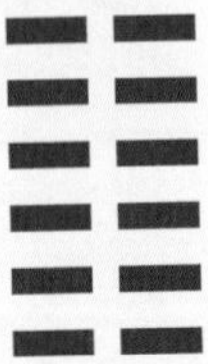

（圖10-1）

鄭和做得非常好，雖然他地位不高，出身卑賤，但最後他的主子並沒有把他當成太監使喚。因為他夠爭氣，把坤卦的每一爻都運用得非常好，讓人人都對他相當敬重，不敢有輕侮之心。

直方大，不習，无不利

坤卦和乾卦是相對應的，也可以理解成下級對上級領導的配合。坤卦啟示我們：想要扮演好配合者的角色，第一步就是要具備高度的警覺性，見微知變，履霜就能聯想到堅冰將至，從而做好禦寒的準備工作。

坤卦第二爻是「直方大，不習，无不利」（圖10-2）。「直」就是氣向上直升，在公司裡，部屬的氣要向上去支撐自己的老闆，而不是支撐旁邊的人；「方」就是站的位置，你的立場要很堅定，清楚何為自己的任務與職責；「大」就是度量要寬廣，別人向老闆呈報意見時，你不必擔憂，有什麼好擔憂的呢？如果別人的意見比你好，你就非得壓過他不可，最後可能引發內鬥，因小失大。

（圖10-2）

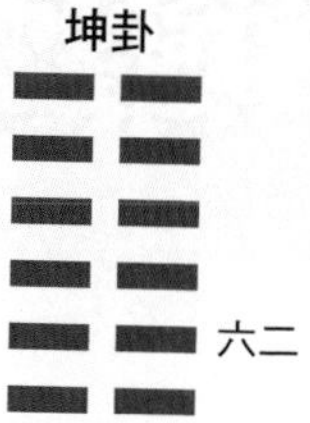

直方大，不習，无不利。

「不習无不利」這句話比較不容易理解。它有兩層含意：一是不用刻意學習，就能自然表現出來的，才是真正的本意；二是不要胡亂學習，才不會獲得錯誤觀念，養成不良習慣，貽害自己和周遭人。記住，有些事情是不能學習的，一旦學錯了，還不如不學。

很多人一輩子走到第二爻就結束了。因為在第一爻時，他的警覺性很高，所有的事情都做得很好，上級對他另眼相看，使他開始得意忘形，很快便會兵敗如山倒。當年鄭和的主子一下就把他提拔起來，如果鄭和就開始自鳴得意、自以為是，那麼，他一定會在第二爻就被剷除。

第一爻順利通過後，進到第二爻，這時你要更小心，以「直方大，不習，无不利。」來自我警惕，不要染上一些得意忘形的劣習，這樣才能持續保持精進，否則在這一關就會垮掉。坤卦第二爻點出「少年得志大不幸」的道理，一個年輕人稍有成就，就被眾人追捧，以其年齡和閱歷，可能會承受不起。不像老年人閱歷豐富，即使被讚美，也能不動於心。大多數的年輕人，都是經不起讚美的。為什麼很多明星選擇吸毒？選擇墜落？選擇自殺？就是因為他們長期活在掌聲當中，沒有掌聲就活不下去，於是只好選擇逃避、選擇輕生。其實觀眾是很現實的，今天給你掌聲，明天就把掌聲給別人，為什麼要依賴別人的掌聲而活呢？

你擔任基層主管，把工作處理得很好，很多人就會來巴結、請托、送禮，甚至在公開場合拍你馬屁。可是，你卻渾然不覺那是拍馬屁，還覺得這些話真中聽，感覺自己高人一等、鶴立雞群，飄飄然地享受著榮耀的光環……然後這一生就完蛋了！

切記，功勞永遠是老闆的，作為一個部屬，是沒有功勞可言的，記住了這一點，才會前途無量。如果你自覺有成就、有功勞，那老闆就不會再給你機會了。有了小成就，就沒有大成就了。《紅樓夢》裡賈寶玉的父親，看到兒子寫的詩，內心很欣賞，卻沒有讚美過一次，都是用罵的：「這種詩你也敢唸出來？這種詩你也敢在叔叔、伯伯面前亂來？」其實，他這是在給兒子鼓勵，告訴兒子：「這還不夠，還要繼續努力。」如果父親說：「太好了，你是天才」，那就把孩子毀掉了。人可以私底下讚美自己的孩子：「你比以前進步了」，但絕對不能在公開場合給他任何讚譽。像我們這一代的人，小時候就是一直挨罵，罵到最後，才勉勉強強有點成績，這就是激勵的成果。

《三國演義》裡的楊修，是曹操手下的一位謀士，是個絕頂聰明的人。曹操最喜歡用聰明人。可是，楊修在歷史上，卻成為非常具代表性的冤案人物。表面上看起來，是曹操殺了他，實際上，楊修是被自己的聰明一步一步逼上死路的。曹操是非殺楊修不可的，只是一直找不到理由而已。最後，找到理由殺楊修時，楊修嘆息道：「我固自以死之晚也」，意思是他早就知道會有這麼一天，可見，楊修對自己的結局是很清楚的。一個聰明人，千萬不能把別人的心思完全猜中。如果所有人站在你面前，都好像沒有穿衣服一樣，那他們不是很尷尬嗎？所以人要裝糊塗是有道理的。該裝糊塗時要裝糊塗；該清楚時要清楚；該馬虎時要馬虎；該認真時要認真，這就是中國士大夫「難得糊塗」的真義，可惜現代人卻難以理解古聖先賢的智慧。

作為群體社會的一分子，要配合別人，就需要地的本性。天歸天，地歸地。是地，就應該保持地道，也就是發揚地的本性。盡我的本分，把自己的本性發揚得非常好，自然能夠進入到六三（圖10-3）。

坤卦

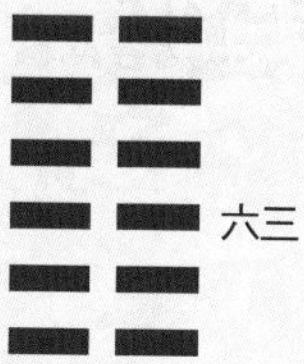

含章可貞，或從王事，无成有終。

（圖10-3）

含章可貞，或從王事，无成有終

坤卦的第三爻提醒我們，當我們有一點成績時，千萬不要沾沾自喜，得意忘形，而是要能體認做好配合工作，只是盡自己的本分，又何功之有？唯有抱持這種不居功的心態，才能進入坤卦的第三爻「含章可貞，或從王事，无成有終」。

一顆糖果，若是一口吞下去或嚼碎了吃，都不算是會吃糖果的人。糖果只有含在嘴裡，讓它慢慢融化開來，才能充分享受到甜蜜蜜的好滋味。所以第三爻，最關鍵的字就是「含」。

「含」是「內斂」的意思。一個人即使有能力，但還是要內斂。《易經》一再啟示我們「深藏不露」的道理，可惜很多人無法理解。深藏不露是很有能力的人才有資格講的話。一個人沒有能力，一共就這麼多，統統露出來也沒什麼，還有什麼可以深藏的？我們讀書總是從字面上去解釋，這是很糟糕的事情。深藏不露就是告訴我們：「要先想一想，自己到底夠不夠深？如果不夠深，就要進一步提升自己的能力，不能一心只想顯露，因為說穿了，根本就沒有什麼可以露。」

「天生我材必有用」，這句話並沒有錯。但凡事永遠有陰就有陽。當前這些問題，有的是你可以解決的，有的是你解決不了的，有的明明你可以解決，可是你卻不能去解決，因為還輪不到你來解決。一切都在變化，沒有人能夠百分之百完全掌握，就是因為陰中有陽、陽中有陰。

世間的純陰和純陽是很少的，如果真的碰到，那是你的運氣，而不是你的能力。我們常常分不清楚能力和運氣。能力是可以掌握的部分，運氣是風險性的部分。任何事情一定有其風險性，只是程度上的不同而已。如果一個人完全否定運氣，那這個人也是自大狂妄、不切實際的。

「含」是一門功夫。一個人講話，要先含在嘴裡面，不能想到就說。做人不能存心討好，討好任何人都是死路一條。討好所有的人，你就討好不了任何人。我們今天就犯了這種毛病，總是想要討好任何人、討好所有人。看到女孩子就喊：「美女來了」，最後落得一個美女也沒有了，因為大家對美的欣賞力已經錯亂了。以前只要聽到「美女來了」，大家就會眼睛一亮。現在不是，一聽說美女來了，都是皺眉頭的，心想，這算什麼美女呢？當所有人都濫用這種讚美的形容詞後，美就毀掉了。現代人常將「存好心、說好話」奉為生活守則之一。然而，什麼是「存好心、說好話」？好心只有兩個字：「合理」；好話只有兩個字：「妥當」，其他都不存在。「合理地判斷」才是存好心；「妥當地表達」才是說好話。

「含章可貞」意指一個人雖然很有內涵，但也要時時提醒自己：人上有人，天外有天，而且一切都有風險性，一切都在不斷變化之中，你所知道的永遠都是很有限的。

「或從王事」的「或」，並非「或者」，而是指疑惑的「惑」。辦理公事時，你要特別謹慎，充滿疑惑，然後才會用心思考。但是有很多人覺得自己很內行，然後就按照自己的一貫方法作業，結果卻把事情搞砸了，為什麼？因為時間一變動，整個情況都變動了。你以前是那樣做的，而且做得很好，但現在還照以前的方法，卻不一定行得通，因為時間改變了，很多變數就出來了。凡是按照舊例，按照以前的規則去辦事的人，都是不動腦筋的。明知道有很多新的變數出來，還要照舊辦理，那是負責任的行為嗎？一個有困惑的人，要設法解除困惑，才會無所惑；而一個自認為沒有困惑的人，往往會製造出許多困惑，這就是「一陰一陽之謂道」。

一個人要記住「无成有終」。我把老闆交待的事情從頭到尾做好，我是沒有成就的，因為我所做的只是一小部分而已，所有的成就都要歸諸於老闆。任何人所做的，都是整個群體裡面的一小部分而已，這才是正確的想法。

括囊，无咎无譽

坤卦的第四爻是「括囊，无咎无譽」（圖10-4）。

什麼是「括囊」？「括」是收束，「囊」是口袋。我們的口袋是什麼樣的？口袋的口要小，袋子要大，裝的東西才不會掉出來，而且才可以裝比較多的東西，可比喻為：做人要肚量大、口風緊。

（圖10-4）

括囊，无咎无譽。

任何事情總有主角和配角之分，不可能每個人都當主角。演戲的時候，你喜歡當主角，還是喜歡當配角？如果讓我選，我比較喜歡當配角，因為主角都是挨打的，配角通常不會。主角一碗麵端起來還沒有吃，兩方人馬就開打了。旁邊的配角卻可以悠哉吃麵，隔岸觀火，由此觀之，當配角多麼輕鬆愉快，何必非要當主角呢？當然大部分的人，都希望當主角，這也是人之常情。其實《易經》告訴我們：該你當主角的時候，你不要推辭；該你當配角的時候，也要心安理得。

一個人當配角當得很好，做幕僚做得很稱職之際，就會有很多人來向你打探消息，這是很為難的一件事。如果給消息，你就得罪人；如果不給消息，你也得罪人。對方問你：「老闆對我有什麼看法？」你講，老闆不高興；你不講，對方不高興，這是必然會遭遇到的現實。你不說不行，說多了自己倒楣。所以你必須做到：對不一樣的人，給不一樣的答案。這不是撒謊。任何事情，只有一個答案，但是你要分出層次。「逢人只說三分話」——我看到這個人只說兩分，看到那個人會說五分，看到另外一個人，我連一分都不說，這樣才稱得上是「逢人只說三分話」。

走到坤卦的六四以後，最大的苦惱，就是六五會給你一些消息，但你要知道，他是讓你去放風聲的，不是當真的。上司告訴你，他想把某人從外地調回來，你要不要把這句話傳出去？你不傳，他講這話給你聽做什麼？你傳出去，他會一口否認，甚至說是你自己編造的謠言。這種情況下，你必然左右為難，不知如何因應。所以人為什麼要精進？就是因為當你愈往上走，處境就會愈發艱難。

其實，人生就是一步一步走向艱難險阻。從我們一出生，前方的道路就充滿艱難險阻，而最後的結果，也必然和諸葛亮一樣——死而後已。每一個人都是這樣，沒有什麼兩樣。職位低的人，回家還可以老酒一杯，還可以看看電視；到了中層就不行了，回家敢喝酒看電視嗎？要趕快用功讀報紙、讀雜誌，還要上網研究對手有什麼新發展；到了高階層，別說看電視，就連看報紙的心情也沒了，整天忙得團團轉。人必須要精進，從基層到中層再到高層，這是必然的精進過程。所以一個人，要想辦法把自己修練好，才足以擔當重責大任。

現在很多人都是沒有準備好，就去挑那個擔子，挑得自己精疲力盡，然後就開始抱怨社會不公平，抱怨老闆對他太苛刻，那是不對的。只有到了領導階層，才可能會面臨對手要灌你酒、用女色引誘你的這些情況。六四是領導器重的人，同樣面臨著各式各樣的誘惑，各種誘惑都有其目的。女色不會引誘基層的人，而是專門引誘六四，只要抓住六四，她就抓到了很多東西。所以到了六四這個階層，最重要的是口風緊。口風緊不是不說話，而是說適當的話、說妥當的話。

黃裳元吉

到了六五（圖10-5），成為高階主管，就更要小心了。六五爻辭：「黃裳元吉」，說到「黃裳」，有人不禁要問：「為什麼中國人要把我們的共祖稱為『黃帝』？為什麼皇帝要穿『黃袍』？為什麼滿清要用『黃龍旗』？」這些都是有道理的。因為在所有顏色之中，黃色無論搭配何種顏色，都能發揮調和效果。

（圖10-5）

坤卦

六五

黃裳元吉。

「黃」代表協調、調和、和諧。身為主管，不需要有太多意見，而是要善於協調，尊重所有人的意見，讓底下的人自己擺平。主管千萬不要說誰對誰錯、誰好誰壞，這個時候要無為，「無為」就是「不要製造問題」。很多人以為無為是什麼都不做，然而，如果什麼都不做，就可以把事情辦好，那就連話都不要講了。

無為是不要製造問題。很多問題，都是主管製造出來的，只要主管說誰好誰壞，那就是在製造問題了。主管的評價就像雙面刃，一面是鈍的，一面是利的，凡事不要只看一面，這就是「一陰一陽之謂道」。同樣的道理，也可運用於家庭教育。過去每個家庭都生養很多小孩時，做父母的，只要當著所有孩子的面，誇讚其中一人，私底下，所有的兄弟姐妹都會欺負他，就算他是哥哥，其他幾個小的，也要聯合起來揍他一個，這完全是父母惹的禍。

心裡一清二楚，嘴巴含含糊糊，這才是中國人。我什麼事都不做，我尊重所有的人，但是我很懂得協調，只要能按部就班，運作得十分理想，自然可以「黃裳元吉」。鄭和從一個受盡屈辱的小太監，一步一步晉升到地位非常高的內官，後來被委以重任，七下西洋，都是得益於明成祖朱棣的賞識。明成祖怎麼放心讓一個太監負責如此重要的工作呢？可見，明成祖是一關一關地考驗鄭和，直到確認別人都不如他，除了他以外，沒有人能夠勝任，這才放心委以重任的。所以，明成祖與鄭和，兩人可稱得上絕配——沒有明成祖的「乾」，只有鄭和的「坤」，根本不會起作用；沒有鄭和的「坤」，只有明成祖的「乾」，乾的理想也無法落實。當乾（明成祖）能夠「飛龍在天」時，坤（鄭和）就可以「黃裳元吉」了。

「黃裳元吉」意指你的功勞很大，但不會引起老闆的猜疑。漢代的韓信被他的主子殺掉了，明代殺功臣的案例也所在多有。一個人努力奮鬥，把配角扮演得很好，可是最後被殺掉，那就表示功虧一簣，修練得還不夠。因為不是每個功臣都一定會被殺掉的。如果每個功臣都會被殺，那就沒有人敢當功臣了。幸好，事實並非如此。現代很多人鼓勵為官者要學魏徵，我個人認為沒有必要。唐太宗當真如此虛心納諫、禮賢下士，看到魏徵就必恭必敬？事實並非如此。對於魏徵的犯顏直諫，太宗幾次怒火中燒，曾憤言：「每廷辱我」、「會須殺此田舍翁」，若非長孫皇后出言相救，魏徵早已不知死去多少回了。

所以，乾坤是要配對的。在家裡乾坤就是「夫妻」，在社會乾坤就是「君臣」。有人會問：「現代哪裡有君臣？」這樣的思考方式，就是把自己僵化到完全失去彈性了。現代怎麼沒有君臣？總要有人當主角，也要有人當配角，主角是「君」，配角就是「臣」，這是現代的一種君臣關係。

一個團體中，如果每個人都一樣大，誰也不願聽誰的，什麼事都做不成。但如果沒有人要出主意、做決定，所有的事也要停擺了。所以，團體裡無論如何，總要有一兩個出頭的，那就是「乾」。有些人個性屬乾，有些人個性屬坤，但是，這都算不上高明。真正的高明是，該我乾，我就乾；該我坤，我就坤。能屈能伸，這才是最高明的。

歷史上能夠「黃裳元吉」的，除了鄭和之外還有誰？三國時代，那麼多了不起的人物，真正把坤卦實踐得最好的是賈詡。曹操的個性是翻臉無情的，基本上，真正的龍都是翻臉無情的，因為龍本來就是翻雲覆雨的，不然怎能稱為龍？要不要跟隨這樣的龍，也是個人的自由選擇。伴君如伴虎，連這點道理都不清楚，那就是找死。其實，曹操早年最大的功臣是荀彧，然而，荀彧的下場是被曹操活活逼死。曹操解決荀彧的方式很簡單，只派人送了一個空盒子。丞相送來禮物，荀彧打開一看，是個空盒子，他就明白意有所指，於是便仰藥自盡了。或許有人認為：「荀彧何必如此敏感？不過一只空盒，有必要自殺嗎？」但如果荀彧不自殺，等曹操親自動手時，必然會死得更慘！曹操送他一只空盒，等於告訴他：「一切都是空的，現在我們已經沒有緣分了，你自己看著辦吧！」曹操此舉，已經把心意表達得非常清楚了。

當年曹操為立嗣之事猶豫不決，不知道到底該讓哪個兒子來繼承王位，於是便徵詢了幕僚們的意見。聽了某些人的回答後，曹操很不高興：「都是我的兒子，你們為什麼偏心呢？」當然，也沒有人敢反問曹操：「都是你的兒子，那你為什麼問我呢？」如果誰敢這麼問，那就死得更快了。

若是一問就回答，曹操會認為幕僚偏心；如果不回答，曹操又會認為幕僚不關心未來的新主人，不論怎麼回答，曹操都不會滿意。最後，曹操問賈詡：「依你看，我要將大業傳給哪個兒子比較好？」賈詡站在那兒若有所思，半天不吭聲。曹操有點生氣了：「我問你話，怎麼不回答？」這時賈詡才慢條斯理的說：「我正在想劉表、袁紹的事情。」這句話，很巧妙地答覆了曹操的問題。因為劉表、袁紹就是廢長立幼，結果惹出很多亂子。曹操是何等聰明人物，聽了賈詡一言，當下就做出決定。不必直言相諫，就能使對方心領神會，這才是真正會溝通的人。如果講了半天，別人還是聽不懂，那又有什麼用？不過是浪費唇舌而已。事實上，要做到「元吉」的境界並非易事，但歷史上也真的有很多人做到了。

《易經》每一卦有六個爻，一個人這輩子能走到第幾爻，端視個人造化而定，並非每個人都有機會把六爻全部走完。其實，最理想的狀態，是走到第五爻就離開人世，那是最圓滿愉快的。凡是走到第六爻，下場都很慘。

龍戰於野，其血玄黃

坤卦第六爻（圖10-6），我們稱為「上六」，爻辭是：「龍戰於野，其血玄黃。」

（圖10-6）

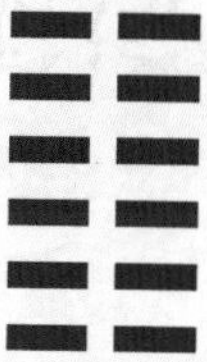

龍戰於野，其血玄黃。

坤卦從初爻到五爻，沒有出現一個龍字，為什麼到了上六，卻突然出現龍呢？那是因為物極必反，坤卦到了第六爻，就開始要轉為「乾」了，上六突然間變龍，就是柔到極致，轉變為剛了。

有句俗話：「最毒婦人心」，女性朋友聽了會很生氣，但古人這樣說是有道理的。為什麼最毒是「婦人心」而不是「男人心」呢？這不是男女不平等，而是因為女子平常的個性很陰柔，但一到關鍵時刻，往往能表現得比男子更陽剛。

物極必反，事物一旦發展到極致，就要開始反向發展了。當乾卦發展到極點，就會開始走向坤卦。現在，坤卦已經接近尾聲，龍就出現了，於是「乾龍」跟「坤龍」就要交戰了。當「領導」和「軍師」對立時，情況一定非常慘烈，所以「其血玄黃」。

「黃」是「地龍」的顏色，「玄」是「天龍」的顏色。中國人都說「天龍地虎」，然而，這隻老虎有時也會變成龍，不是天龍，而是地龍。「亢龍有悔」、「龍戰於野」，就是天龍跟地龍鬥、乾龍跟坤龍鬥，誰都解救不了。

任何事情都要適可而止，不要過分苛求，這永遠是自然的真理。

不可否認，諸葛亮到了最後，也是遭劉備猜忌的。劉備在白帝城托孤時，告訴諸葛亮：「君才十倍於曹丕，必能安國，終定大事。若嗣子可輔，輔之，如其不才，君可自取。」這就開始有「龍戰於野」的味道了。所以，諸葛亮趕緊跪地磕頭，磕到頭破血流。事實上，以諸葛亮當時的身分，並沒有必要如此，他也可以淡然地說：「您多慮了，不會這樣。」但是，如果他這麼說，就表示已經有這種野心，已經居心不夠純正了。所以大家讀歷史，要去體會它背後的道理，否則只是看熱鬧，什麼都沒有得到，那就失去意義了。道理永遠是背後的東西，戲劇演出來的只是故事情節，不會直接說出箇中道理。今天，我們所看到的都是現象，都是資料。現象、資料的後面，還有更重要的東西，從來沒有直接說明的，那就是道理。

清末重臣曾國藩是有能力造反的，但他就是不造反，因為他知道「龍戰於野」的惡果。他已經過了「黃裳元吉」的階段，當他的聲望開始威脅到皇帝時，他只好拼命寫家書。一個人寫家書，有必要寫到讓大家都看得到嗎？那還算什麼家書？從這一點我們就知道，曾國藩的家書，絕不是要寫給家裡人看的，而是要寫給皇帝看的。試想，曾國藩能上奏皇帝，表明自己雖有實力，但絕對不會造反嗎？當然不能！如果他寫了這種奏褶，那就表示他的確曾動過造反的腦筋。所以，曾國藩不能講這種話，只好拼命地寫家書以明志。事實上，皇帝也是在看過曾國藩的家書後，才相信他確實沒有造反之心，這才放過他，要不然曾國藩的下場也會很慘。

戰功赫赫的清朝名將年羹堯，最後卻「龍戰於野」，硬是被雍正皇帝賜死，就是因為他沒有守住「黃裳元吉」這一關。有一回，年羹堯征戰沙場，凱旋而歸，雍正皇帝為了感謝他，親自到城門迎接。雍正看到年羹堯的士兵，雖然剛打仗歸來，但個個精神抖擻，軍容整齊，龍心大悅，於是就說：「請稍息。」可是，當雍正說完後，竟然沒有一個士兵動作。這時，年羹堯千不該、萬不該地脫口而出：「他們只知道有將令，不知道有君令。」雍正當場沒說什麼，但心中已倍感威脅，於是想著：「好吧，走著瞧！」所以年羹堯非死不可。

乾卦不能單獨發揮，因為紅花也需要綠葉陪襯；坤卦無法單獨落實，因為千里馬也需要伯樂賞識。良馬找到好主人，才可以全力配合、完全發揮，否則，良馬要去匹配誰呢？一匹沒有主人的馬，即使跑得再快，也不過是匹野馬。因此，我們在研究《易經》時，最好能把兩組相應的卦合起來看，不要單獨去看。所以，接下來我們要探討「乾坤人生」，學習如何將乾坤兩卦合而觀之。

易經的奧祕

乾坤人生

——乾坤並濟，勇闖水深火熱的人生路

【乾坤人生】

乾坤並濟，勇闖水深火熱的人生路

乾卦和坤卦，是六十四卦中最特殊的兩個卦。乾卦是純陽，坤卦是純陰，將這兩個卦象合在一起看時，會發現乾坤乃是絕配。歷史上有許多著名的乾坤絕配，然而，為什麼有些乾坤配流芳青史，而有些乾坤配卻徒留罵名呢？

《易經》是解開宇宙人生密碼的一部寶典。我們的祖先把宇宙的密碼歸納成六十四個，乾卦是其中一個密碼，坤卦是另外一個密碼，而每一個密碼裡，都包含著六個小密碼。乾坤兩卦各有六個小密碼，加起來共有十二個小密碼，正好一打。世界上所有的事情，都是以這十二個密碼為基礎，不斷地變化著。

乾是純陽，所以乾卦的密碼我們都用一個字來代表。

乾卦的第一個密碼是「潛」，就是潛藏、潛伏在裡面。

第二個密碼是「現」，潛到適當的時候，時機成熟了，就要表現出來。

第三個密碼是「惕」，你潛在裡面，人家不知道你，也就不會把你當目標，可是一旦你顯現出來，就可能讓別人看不順眼，或干擾到別人，於是各方面的打擊便隨之而來，所以更要好好警惕。

第四個密碼是「躍」，就是準備一躍登天。人生最關鍵的就是這一躍，躍得上去，就飛龍在天；躍不上去，那就只能等著辦退休了。

第五個密碼是「飛」，到了飛龍在天的階段，面臨的挑戰將會更加嚴峻，此時必須格外小心。

第六個密碼是「亢」，這個階段很難逃得過。任何事物發展到最高點時，就會物極必反，走向另外一個方向，如何因應得當，就是箇中關鍵所在。

乾卦的六個密碼是「潛、現、惕、躍、飛、亢」。而坤卦是純陰的，所以坤卦的六個密碼，我們都用兩個字來代表。

第一個密碼是「履霜」，就是當你的腳踩到霜的時候，就應該要做出相應的準備。

第二個密碼是「不習」，就是不要去學習那些不好的壞習慣，要保持內心原本純正的態度。

第三個密碼是「含章」，當你愈來愈有學問，愈來愈有才華，就要更加小心謹慎，保持謙虛的態度，因為內在美永遠是超過外在的。

第四個密碼是「括囊」，這時候你知道很多內幕消息，別人跑來向你探聽，你的嘴巴一定要愈來愈緊。懵然無知亂發言，別人一笑置之，但如今有學問、有才華仍舊亂講話，就沒有人會原諒了。

第五個密碼是「黃裳」，到了這個階段就要採取守勢，適可而止了，因為再繼續向上就是「龍戰」。

第六個密碼是「龍戰」，天龍、地龍交戰，後果非常慘烈。

翻開《易經》就會看到，不論乾卦或坤卦，它們的卦辭都有四個字：元、亨、利、貞（圖11-1），而且這四個字在整部《易經》中也經常出現。

（圖11-1）

乾坤配的密碼：元、亨、利、貞

究竟元、亨、利、貞所指為何呢？我們有理由相信，「元、亨、利、貞」在當時是非常通俗的用語，否則周文王用很艱澀的文字寫這些卦辭、爻辭給誰看呢？周文王的用意是要普及《易經》的道理，讓大家能夠按照道理，過著幸福安康的生活，所以他一定會避免用艱澀難懂的文字。不過，隨著年代久遠，後人漸漸不知道它原本的意思了。所以，關於元、亨、利、貞這四個字，你會在很多書中發現不盡相同的解釋，目前所知至少有十四種。當然，我們沒有必要把這麼多種解釋一一辨明羅列，只要掌握住這四個字的主旨即可。

「元」——是開始的意思。任何事情都有個開始，所以稱為「元始」。中國最古老的神就稱作「元始天尊」，我們到任何一個地方去，只要那間廟是最老字號的，就一定稱為「開元寺」。

「亨」——就是亨通。一件事情剛開始時必然亨通嗎？事實上未必。例如一家店鋪好不容易開張了，沒過三天就倒閉了；一件事情開始時好好的，但沒多久就一團糟了，這樣的情況並不少見。可見「元」要能「亨」，就必須先把「元」的基礎鞏固好，這也就是「固本培元」的旨意。

任何事情的成功都是有條件的，所以，如果有人說：「這事情一開始就會順利」，這種話我們最好不要輕信。除非準備得很充實，顧慮得很周到，時機又很合適，每一個方面都搭配得很妥當，在這樣的情況下，才會一開始就能亨通。

「利」——利就是利益。亨通以後，一定會獲取相當的利益。皇天不負苦心人，一分耕耘、一分努力，就會有一分收穫。這時最大的一個考驗就出現了，就是那個「貞」字。

「貞」——是正的意思。當你獲利的時候，你就要小心，要分清楚是正當利益，還是不當利益。因為利益也有陰陽兩種，一種是正當的利得，一種是不正當的利得，諸如暴利、邪利、不法的利益等。如果所獲的利益正當，就會貞下起元，可以把事情做得更大、更好。

元、亨、利、貞也是循環往復，不斷向前發展的。剛開始是小規模的，元、亨、利、貞只是一個小圈圈。通過了貞的考驗，下次元就會做大，亨、利、貞也就更大，然後一圈一圈，都是元、亨、利、貞，元、亨、利、貞，元、亨、利、貞……（圖11-2），整個事業就此大展鴻圖。

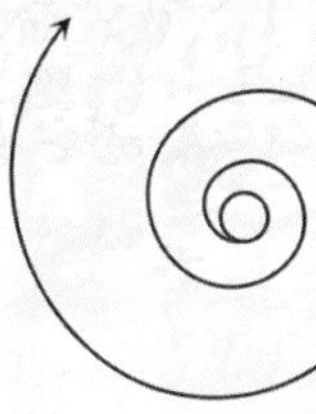

元亨利貞的循環

（圖11-2）

一年四季也是元、亨、利、貞的循環往復。春天是元、夏天是亨、秋天有收穫了，是利、冬天要好好儲藏，是貞。如果今年冬天沒有好好儲藏，或是秋天收穫以後，就賭博輸掉了，那麼來年春天連種子都沒有了，還能做什麼呢？因此我們要記住，一切都是周而復始、循環往復的，但是，這個過程可大可小。你的努力到底是在使它變大，還是使它縮小，都是自作自受，怨不得別人。

我們也可以把一天看成元、亨、利、貞的循環，清晨是元，慢慢到了中午，就是亨，下午把一天的收穫做一個歸納即是利，到晚上好好休息就是貞了。第二天精神抖擻，又開始了下一個元、亨、利、貞的循環。孔子認為，元、亨、利、貞是四種美德——元就是慎始，我們做任何事情都要慎始；亨是追求正當的利益；利是把正當利益所得好好地儲藏起來；貞即是該用的時候用，以備貞下起元，讓下一次的循環能有更好的發展。

事實上，《易經》中並不是每一個卦都有元、亨、利、貞四個字。也就是說，當我們碰到不同的情況時，不要認為樣樣都可以遵循元、亨、利、貞。坤卦的卦辭是元、亨、利，下面就加上個「牝馬之貞」（圖11-3）。多了幾個字，也就多了一些限制，多了一些條件。

（圖11-3）

坤卦

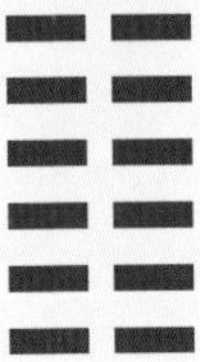

元亨，利牝馬之貞。

同樣是「元」，用來開創的，稱為「乾元」，而用來配合別人落實理想的，稱為「坤元」。天有理想，地就全力配合。將乾、坤兩卦合起來看，會發現這兩個卦是非常好的組合，所以稱之為「乾坤絕配」（圖11-4）。

（圖11-4）

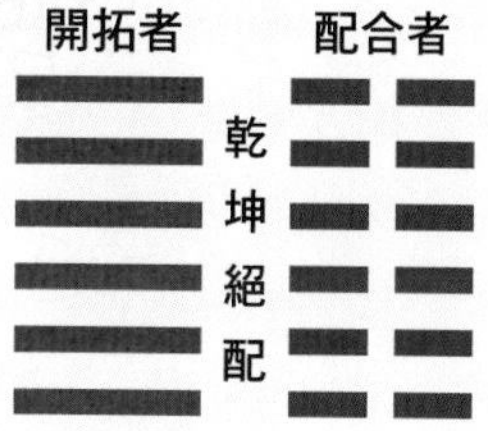

如果說乾卦代表一個成功的開拓者，那麼，坤卦就代表一個優秀的配合者。歷史上可以列舉出許多乾坤的絕配，但是，為什麼有些乾坤配為人所稱道，而有些乾坤配卻留下了千古罵名呢？

歷史上，乾坤絕配有很多，我們前面提過的明成祖與鄭和就是典型的乾坤配，《三國演義》中除了桃園三結義以外，最膾炙人口的就屬劉備跟諸葛亮的絕配了，諸葛亮如果沒有碰到劉備，那他這一生的才華就埋沒了，所以儘管諸葛亮受了很多苦，儘管他最後還是死而後已，沒有完成心中的宏願，但是他輔佐劉備父子鞠躬盡瘁的精神流傳後世，永遠存在後人的心中，所以諸葛亮的一生非常有意義。從另一方面來看，如果劉備沒有諸葛亮的話，他也就是帶著幾個兄弟闖蕩江湖，可能會興起些風雨，但最終不會有什麼大成就。所以，劉備和諸葛亮這組乾坤絕配可謂各得其所。

另外有一組乾坤絕配是非常可笑的，那就是乾隆與和珅。乾隆跟和珅配得好還是不好？和珅把乾隆服侍得服服貼貼，將主子奉承得非常高興，但對社會卻是禍害無窮。因此，我們可以知道，配得好不見得有好結果，還要看是怎麼配合，如何運作，這才更是重要。

中國人常說：「一個成功的男人背後，一定有一個賢慧的女人」，這也是乾坤配。如果家裡沒有一個讓你安定、沒有後顧之憂的人，你怎麼可能專心出外工作？例如，一個上班族遇到主管派他出差，他卻回答說：「不行，我小孩生病了。」要他加班，他卻回答說：「不行，我太太晚上一個人在家會害怕。」這樣他還能做什麼事？乾脆什麼事都不要做了，這就是家有賢妻的重要性。作為一個妻子，最重要的職責，就要讓丈夫能夠專心把外面的事情做好，讓他沒有後顧之憂，如此而已。

現在很多人講《易經》都是從管理、政治等方面來談，以致於讓大家認為讀《易經》就好像要從政或者當主管，實際上並不是這樣。我們今天來說一說《易經》運用在教育方面的理念。

乾坤人生的龍馬精神

乾坤應用在教育方面就是「龍馬精神」。乾是龍，因為乾卦六爻都是龍，從潛龍開始，現龍，惕龍，躍龍，然後飛龍，乃至亢龍，全都是龍。坤卦爻辭沒有一個馬字，但是卦辭告訴我們：「利牝馬之貞」，牝馬就是母馬，不是公馬。為什麼《易經》特別指出是牝馬？就是要我們學習母馬善於配合、協調的精神。公馬跟母馬有什麼不同？公馬是領頭的，母馬永遠追隨公馬，公馬跑到哪裡，母馬就跟隨到哪裡。牝馬就是做一個非常好的配角，這便是《易經》特別指出「利牝馬之貞」的道理。

我們教自己的孩子，都是望子成龍，這當然沒有錯，可是還要方法對才行。龍就是馬，馬就是龍，這是非常重要的觀念，但是，我們的教育就是此一環節搞錯了！

龍就是馬，馬就是龍，到底該如何理解呢？要知道，當太陽很亮的時候，陰影的部分會不見，到處都很明亮，那就是乾卦；當光線慢慢微弱，顯出陰影的時候，就是坤卦了。影子是永遠存在的，燈光很亮的時候，影子只是隱而不現，卻沒有消失，它還是存在的。有物體就一定有影子，這是自然的規律。燈光稍微一暗，影子就會顯現出來。從這個例子就不難理解，乾中永遠有坤，坤中也含有乾，也就是陰中有陽，陽中有陰，陰可以變陽，陽可以變陰，陰陽是不可分的的道理。

既濟和未濟這兩個卦象都是陰陽交織在一起，只是位置不同而已（圖11-5）。既濟和未濟，永遠只差一步：這一步是既濟，下一步就是未濟，再進一步又是既濟，下一步又是未濟。既濟——未濟——既濟——未濟……，兩者永遠如迴圈般循環往復。

（圖11-5）

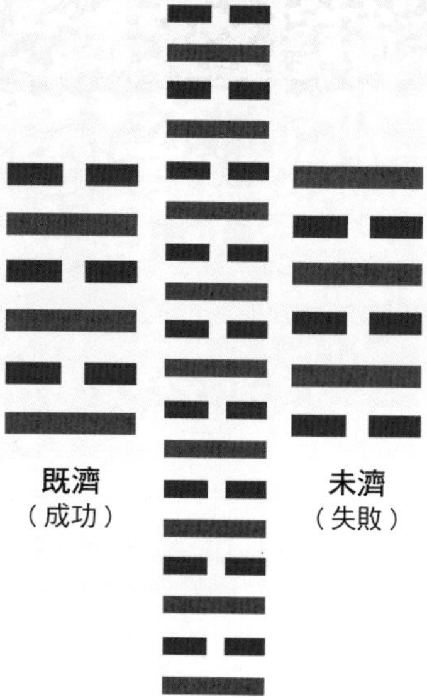

既濟和未濟這兩個卦都是水和火的組合（圖11-6），一個是水在上火在下，一個是火在上水在下，所以說，人生就是水深火熱。人生就是這麼簡單：剛剛從火熱跑出來，轉眼又掉入了水深；剛剛從水深潛出來，又碰到火熱，永遠都是這樣的。孔子告訴我們，所有的一切，都是你一定要去經歷的過程，由不得你喜歡或者不喜歡。水來就水來，火來就火來，面對一切都要心安理得，因為這是人生必經的考驗，誰都逃不掉。

（圖11-6）

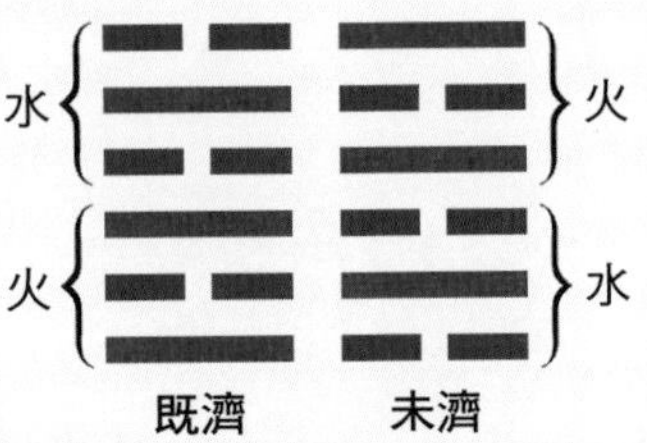

龍就是馬，馬就是龍。一匹馬很能幹，當牠可以飛到天上去的時候，如果你稱牠為「飛馬」，別人一定會笑話你：「馬怎麼會飛呢？那是龍！」所以，一匹馬飛到天上去的時候，牠就叫「龍」。反之，即使是龍，如果一輩子飛不上天，一直趴在地上，那就連馬都不如。所以即使做不成龍，只能做馬，最起碼也要做匹良馬才行。

如果參透了乾坤兩卦，我們就會知道，做父母的，應該將望子成龍放在心裡，不能說出來。教育孩子，應該先把他當馬來培養，把他培養成良馬，有一天他實力夠了，飛上天去，那就是真正的龍。如果一開始就把孩子當龍培養，整天只想飛上天，最後眼高手低，連像馬一樣在地上奔馳都不會，豈不是耽誤了他？所以，培養孩子應該先從坤卦的第一爻著手，教會他「履霜堅冰至」的道理。

舉個例子，帶小孩出去的時候，心裡就要設想到，小孩一定會吵著買玩具，如果他今天要這個就買給他，下次想要那個，倘若不買給他，他就賴在地上大吵大鬧，讓做父母的很難堪。碰到這種情況，家長就應該透過簡單的方式來教育孩子。

當你帶小孩出門前，可以先問他：「今天我們出去，會看到很多玩具，你想不想買啊？」他一定說：

「想」。你再問：「想買幾個？」他當然回答：「想買很多很多。」這時候你就說：「那你自己出去好了，媽媽錢不夠，沒有辦法買那麼多。」他就知道不能想買多少就買多少了。然後，你再問他：「到底要買幾個？」他可能回答：「三個。」你再告訴他：「三個太貴了，買回來你一時也玩不了，如果要買三個，那就拿一個回來自己玩，其他兩個送隔壁鄰居。」小孩一聽到玩具要送別人，一定回說不要，這時，再問他買幾個，他就會說：「只要一個。」

「履霜堅冰至」就這樣一步步顯現出來了。這種教育方式，對孩子的思維方式會產生很重要的影響。

但是，小孩還不懂該如何挑選，怎麼知道要買哪一個呢？所以做家長的就要告訴孩子：「當你看到玩具店裡有很多玩具時，我教你怎麼挑選，這是別的小朋友不一定懂的。」聽到家長這樣說，他就很愉快，會很注意聽你說。「你先看一遍，才會知道你想買哪些。你心目當中有五個要買的也沒關係，有十個也沒關係。你第二遍再看這些裡面你想要哪個，選出三個。再來一次，選定一個，你就可以買了。」這個方法非常有效，孩子不但不會哭、不會鬧，更不會怪爸爸媽媽不給他買，而且還會很開心。

家長提前告訴孩子該怎麼做，這一步就是「元」，孩子出去挑選到滿意的玩具就是「亨」，然後拿著「戰利品」高高興興回家就是「利」，觀察他回到家的表現，就知道「貞」或「不貞」，這是非常簡單的事情。

但是現在的大人，根本不教小孩這些，反而經常提供小孩不當的誘因，作為方便教導的便宜手段，到頭來，造成自己無法控制的局面時，又反過來責罵孩子不對，這是現代教育的一大問題。若能採取「履霜堅冰至」的教育方式，先把孩子設定成馬，然後再把他教育成龍，不是很好嗎？我們做人，應該先學「履霜」再學「潛龍」。沒有「履霜」的積累，又有什麼什麼資格當「潛龍」呢？很多人誤解「潛」的意思，以為是要築個城牆把自己封閉起來，事實上，那是故步自封，而不是潛。

人一旦履霜，就應該要有高度的警覺性，見微而知著，一葉而知秋，若是能從小事中推敲出很多隱含的大道理，就代表你的潛力無限；如果看到這裡，就只限於這裡，那麼恐怕日後發展有限了。孔子教育學生是很寬鬆的，稱為「有教無類」，但是他也很嚴格，如果學生不能舉一反三，他就不教了。也就是孔子讓學生入學的門檻很低，但經過考驗，證明不行的，他便會拒絕。可以說元就是給你機會，但是亨不亨，後面會不會有利，就要你自己看著辦。不亨就沒有利，即使有了利，也要看你能不能守得住、是不是貞正。很多學生跟孔子學了一段時間就不學了，走就走了，孔子也並不介意，因為他們不貞，才學一招半式，就出去闖蕩江湖，只會招致自作自受的下場。只有跟著孔子長久學習的那些學生，日後才有機會成為賢士。

六個階段的共通規律

《易經》六十四卦的卦爻有一則通例：「初難知，上易知；二多譽，五多功；三多凶，四多懼。」

「初難知」——我們從自己身上就能深切體會到這一點。一個人剛開始的時候，沒有人知道他將來到底會怎麼樣，這就是「初難知」。所以不要小看年輕人，因為年輕人有潛力，將來的變化會很大。因此，看到一個年輕人，不要隨意評斷他，你怎知他有沒有出息呢？但年輕人被人家罵沒有出息，其實也是好事，如果能因此受刺激，自己夠爭氣，加倍努力，總有一天有出息；反之，如果別人說你很有出息，就自鳴得意，認為自己真的很有出息，因此止步不前，甚至倒退，將來是不會有出息的。所以很多事情要從兩面來看，一是刺激，一是回應。任何事情都是有刺激，也有回應，就這樣一路發展下去。

「二多譽」——每一卦的第二爻，爻辭多半是表示讚美的，所以說「二多譽」。如同一個小孩子，初中階段、高中階段很會讀書，每次考試都得第一，就會受到很多讚美。然而這些不見得是好現象。我們常常可以看到，在學校成績很好的學生，到了社會上，其實都沒有太好的表現。因為他很早就接受過多的讚譽，心裡自滿了，然後眼睛慢慢長到腦門甚至頭頂上，誰也看不起，也看不到應該看到的事了。太多的人有這種毛病，眼睛長在頭頂上，這個看不上，那個也瞧不起。所以千萬記住，當你在第二爻這個階段時，你會得到很多的美譽，上級會給你很多嘉獎，自己千萬不要當真而以此自滿，受到影響，因為那些是很虛華的東西，是不實的，以免給自己設限，一輩子停留在下卦，永遠走不到上卦去。很多人一輩子只走一個下卦，上卦根本連看都沒看過，非常可惜。一定要記住，讚美和誇獎都是假的，我們還是要繼續不斷地充實自己，準備走更長遠的路。

「三多凶」——第三爻到了下卦的頂點，這時是非常危險的，隨時都可能會有凶禍發生。一個人百般掙扎，千般努力，終於到了下卦的頂點，殊不知這又是一個物極必反的關卡，很多人到下卦的第三爻，就再也上不去了。

「四多懼」——到了第四爻，進入了上卦，內心往往充滿恐懼，所以說「四多懼」。大家可能會覺得人生這樣很沒意思，其實人生就是這樣才有樂趣，不經磨練，腦袋空空，有什麼好處？人生又有什麼意義？所以千萬要記住，把所有的磨練當做自己成長的過程，愈多磨練，將來就愈有成就；現在愈輕鬆，愈容易混日子，終日腦袋空空，日後一旦碰到問題，就容易驚慌失措，不知道該怎麼解決。

「五多功」——上卦的第五爻，是非常了不起的一個位置，所有人都會把功勞歸給你，認為是你的功勞，所以說「五多功」。我們常說九五之尊，就是大家都把功勞集中到了這一爻，但即使如此，處於九五階段也應謹慎小心。以前皇帝一登基，所有人都跪地磕頭高呼：「萬歲、萬歲、萬萬歲」。從《易經》的觀點來看，你就知道他們沒有一個是真心的，大家嘴巴講：「萬歲、萬歲、萬萬歲」，心裡卻想著：「還不是跟我一樣，差不多年紀就要死了」，因此，被人家喊：「萬歲、萬歲、萬萬歲」時，千萬不要以為真的可以萬歲。所有功勞都歸給你，你也不要真的以為這都是你一個人做出來的，要明白這是大家的功勞，所以一定要照顧大家，聽聽大家的意見，這樣才可以持盈保泰。

天地是否卦，地天是泰卦（圖11-7）。而否和泰也是循環往復的。

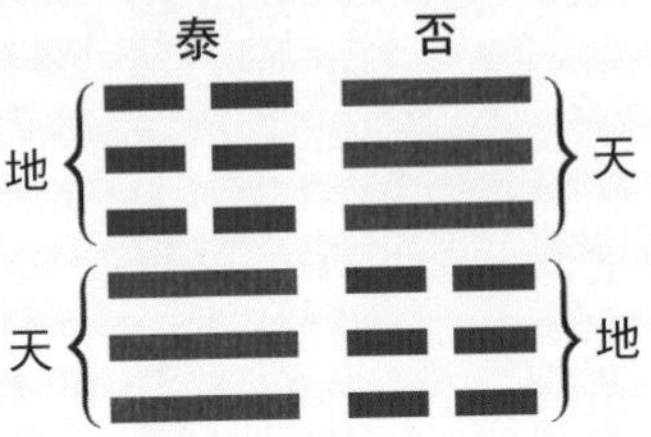

（圖11-7）

當你處在泰境的時候，你要知道可能就要進入否了；當你處於否境的時候，你也要相信，總有一天會轉入泰。因為萬物都是運動不息的，不是靜止的。記住，宇宙中沒有靜止的東西，昨天跟今天是不一樣的，今天跟明天也是不一樣的，隨時都有新的花樣出來，隨時都有新的變數進來。泰的時候，你要知道下一步就是否。因為泰在《易經》六十四卦裡是第十一卦，而否是第十二卦，它就在泰卦的隔壁。由泰入否太容易了，只有一步之隔；但是由否入泰卻很難，因為六十四卦必須循環一周，否極才會泰來（圖11-8）。

（圖11-8）

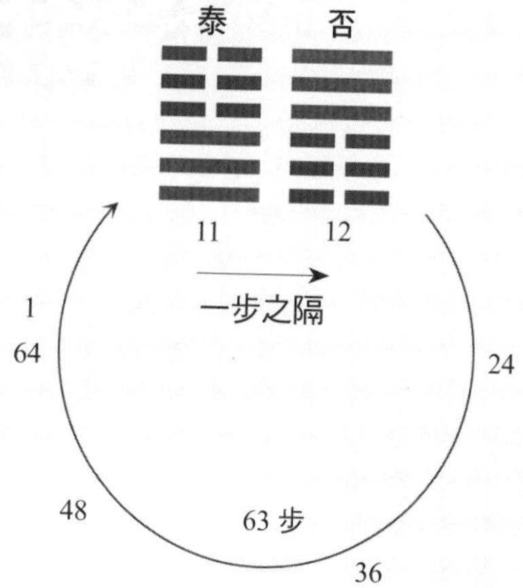

由泰入否，僅有一步之隔。
否極泰來，卻有63步之遙。

一個人有了一點點成就，要提醒自己，這個成功就是失敗的開始，唯有如此才能持盈保泰。我們常聽到「失敗是成功之母」，其實，這句話也可以反過來說：「成功是失敗之母」，因為這兩句話是同時存在的。既然兩句話同時存在，為什麼通常只說「失敗是成功之母」呢？實是出於勉勵的心理，鼓舞大家要再接再厲、朝成功邁進，可是，一個聰明人應該同時記住：「成功也是失敗之母」。

「上易知」——一個人到了七老八十的年紀，這輩子有什麼成就都已經知道了，有什麼失誤也都非常清楚了，所以老人家沒有什麼好隱藏的。一個人年輕時，究竟是吃點苦好，還是有機會享受好？西方人主張讓兒童過快樂的日子，中國人卻不然。我們在孩子還小時，就開始磨練他，唯有如此，孩子長大以後才有免疫力，才有抗壓性，做父母的就不必再替他擔心了。

一個孩子從小吃好的、穿好的，萬一將來吃不到山珍海味，只能吃粗茶淡飯時，他就很難下嚥；萬一買不起絲綢，讓他穿布衣，他就全身難受。小時候穿粗布的，將來穿什麼都會覺得非常舒服。我小的時候，根本沒有挑食的機會，也沒有挑食的資格，反正家裡就只有這些東西，要吃就吃，不吃就得挨餓，所以我從小就養成不挑食的習慣，給什麼我就吃什麼。直到現在，我都不曾說過：「這個我不喜歡吃」這種話。

現在的孩子從小就說：「媽媽，我不想吃。」很多媽媽拿著飯碗，邊追小孩邊哄勸：「吃啊，吃啊，不吃會餓著。」媽媽愈追，孩子跑得愈快，如此一來，正好引發了孩子追逐的樂趣。先前，他還不知道這麼一跑，媽媽就會追來，現在知道了，自然會跑得更起勁。其實要讓小孩吃飯，方法很簡單，就是日後每次吃飯，媽媽就搖鈴。搖完鈴，大家要趕緊來吃，不來或遲來，其他人就把飯菜都吃了。沒來吃飯的孩子，只能餓著肚子，等待下一頓飯。這種方法，只要實行一、兩次，小孩的耳朵就會變得很靈光，聽到鈴聲馬上就會趕來，動作非常敏捷。所以，小孩會變成什麼模樣，端視大人如何教導。寵溺孩子的教育方式，絕對是父母的不幸，也是小孩的不幸。

一個孩子，大學剛畢業時，還很清純可愛，出去工作也很認真實在。過了一段時間，當上小主管，就開始在家裡翹二郎腿了，指責爸爸這個不對、媽媽那個不對。一個人在外面當了小主管，回家就擺架子，開始教訓父母，試想，這個人還能有什麼成就？一個人在外面不管多風光，回到家裡頭，還是得老老實實做自己應該做的事情，這樣才對。

當我六十歲時，父親八十歲。當時我是大學教授，每每遇到大事，一定先會徵求父親的意見。我不一定是想要從他那裡得到答案，不論他怎麼講，其實都無所謂，但是，我要滿足他作為一個父親的尊嚴，因為他是我的爸爸，是我的長輩。我爸爸也知道這一點，所以每當我請示他時，他心裡就有一種安慰感，覺得這輩子養我這個兒子還不錯。

這些道理，《易經》都為我們分析得非常清楚。但是我要說明一點：「《易經》不僅僅教我們做人，它還教我們做事，也教我們做學問，教我們看天文、看地理……宇宙間所有的事情，《易經》都有破解的密碼，需要我們一卦一卦的去參悟，一卦一卦的去瞭解，終能知天文，通地理，而無所不知。」

當然，大家心裡一定還掛念著一個問題：「《易經》到底可不可以用來算命？」我們也不迴避這個問題，接下來就要探討《易經》是否真的可以破解命運。

易經的奧祕

破解命運

——時也，運也，命也的命運協奏曲

【破解命運】

時也、運也、命也的命運協奏曲

命運就是「本命」加上「運氣」。為什麼每個人的命運會不相同？是不是命中註定、不可改變的呢？常言道：「人各有志」，這就意味著「人各有命」，因為每個人的命運，都是經由自己的意志所創造出來的。

《易經》可以用來算命嗎？答案是當然可以。只要有任何一件事情解不開，《易經》就不可能稱得上是廣大精微。《易經》的包容性非常廣大，甚至到了無所不包的地步，當然可以用來算命。

算命算不算迷信呢？答案也非常簡單，通曉道理的人，無論做什麼事情，都不迷信；不通曉道理的人，做任何事情，其實都是迷信。迷信是個人的問題，算命這件事本身，無關乎迷信或是不迷信。

命是存在的。人一生下來就有命，如果連命都沒有，那就叫「沒命」。人沒命了，就死了！人只要活著，只要有一口氣在，那就是「有命」。那麼，命是什麼？我們從字形去看，「命」就是一個口，一個令，我們可以理解為：從嘴巴裡所講出來的令，就稱之為命（圖12-1）。

（圖12-1）

口＋令＝命

事實上，人都是接受命令的，問題在於接受誰的命令，這才是關鍵。有人接受神的命令，稱為教徒。有人接受自己的命令，因為只要腦袋一動，就會傳達一個命令給全身，身體便會有所行動，這種反應是很科學的。因此，命要看你怎麼解釋，怎麼說都可以，因為見仁見智，我們都必須加以尊重。

人的三種特性：創造性、自主性、局限性

我們要掌握命運，最好的辦法莫過於認清人有三種特性：

首先，人有創造性。人必然有創造性，否則人類文明從何而來？

其次，人有自主性。每個人各有主張，這就是所謂的「人心不同，各如其面」。每個人各有不同的意志，甲的想法和乙的想法，不可能完全一樣。

再者，人有局限性。人的創造力不可能是無限的。有很多人一生想要發明一樣東西，想要突破一個難題，可是最後卻一點成果都沒有，這就是人的局限性。雖然命是可以改變的，但所能改變的卻是很有限的。採取這樣理性的態度，來瞭解我們的命，就不會顯得那麼迷信了。

很多人認為，人的命是上天註定的。實際上，我們自己創造的也稱為「命」。所以，懂得《易經》以後，我們就能知道，命有兩個部分，一部分是人可以自己控制的，一部分是人所不能自己控制的。所以，當我們想盡辦法，都無法做出改變之際，那就是命。因此，命也可以視為每個人各自不同的局限性。

盡人事與聽天命

很多人好奇：「命是可以被算出來的嗎？」其實，普天之下，所有存在的東西都是可以被計算的，例如花園裡有幾棵樹，一算就知道了；有幾隻羊，一算也知道了。那麼，人的命能不能算呢？當然可以。但是，在算命之前，我們應該先釐清幾個觀念，因為很多人即使活到一大把年紀了，對算命這件事的認知，還是錯誤的。

第一，算命的目的是什麼，這個最重要。我有一位長輩非常精通命理，我曾請教他：「您算命有沒有原則？」他說：「一個人做任何事情都要有原則，如果沒有原則，就表示這個人是不負責任的。」

我再問：「那您算命的原則是什麼？」他說：「第一，我會問對方多大年紀。」算命跟年紀有什麼關係？他解釋：「如果這個人年紀很大了，我就問他：『你這輩子的命運，難道自己不知道嗎？你都走過了，還來問我，不是存心考我嗎？』這樣的人我不算。如果這個人年紀太輕，我就說：『你是不是想依賴我呢？你要去發掘自己的命運才正確，如果我把你的一生都講完了，會影響到你的心態，影響到你將來的工作意願。』所以年紀太輕的人我也不算。」這是有命不算，不是無命可算。但是，當一個人進退維谷，左右為難，怎麼想也想不通，帶著很多的疑惑來請教他時，他一定會接受。所以，算命之前，要認清自己的處境。當你一切順利時，又何必算命呢？順勢而為就好了。可是，當你感覺到左右為難，有重大的事情做不了決定時，那又何妨算一算？

第二，算命到底要算準還是要算不準？這位長輩對前來算命的人，會提出第二個問題：「你來讓我算命，是希望我算得準，還是希望我算不準？」如果來者回答：「當然要準。」長輩接著對我分析道：「聽他這麼說，我就知道這個人沒有出息，一切都照命走，能有什麼前途呢？如果對方告訴我：『我來算，但是我希望你算不準。』那就可以預見，此人將來的成就一定很了不起，因為他的創造力非常強。」所以，算命之前，問問自己，到底是希望算得準，還是算不準呢？

凡是服從命令的人，大概一生的成就都不會太高。凡是能創新，不按照命令去走，而又能取得好成果的人，幾乎都是偉大的人物。更何況，現在科學已經告訴我們，很多事物的現象是測不準的。最常見的例子，就是氣象局發布的氣象預報，經常測不準。那麼，測不準是正常還是不正常呢？我們用科學的眼光來看，當一樣東西是固定的，當然能夠測得很準；當一樣東西是變化的，是有生命的，很可能在你測的當下很準，但是，測完之後，它隨即起了變化，當然又不準了。所以測不準，是因為你的命有所變化；而測得準，則是因為你的命根本就沒有變化，這是很容易瞭解的事情。

經過數十年的觀察，我歸納出「命」的定義如下：「命就是每一個人先天所帶來的人生規劃。」我們現在所談的人生規劃，都是指後天的，卻忽略了先天的部分。

《中庸》：「盡人事，聽天命」，這句話包含了兩個部分。「盡人事」就是後天的人生規劃，即使你做得很好，但是最後能不能成功，還得視後半句的「聽天命」，即配合先天的人生規劃。兩者的配合程度，決定了最後的成敗。後天的規劃與先天的規劃吻合，達成的效果一定很好；如果後天的規劃與先天的天命背道而馳，其結果必然徒勞無功。由此可知，天命就是一個人的格局、一個人的範圍。你這輩子有這個範圍，他這輩子有那個範圍，這不同的範圍，便是各自的命。

你在這個範圍裡面，如果完全沒有表現，即使有那個命也沒有用；而即使你有再好的表現，也很難超越這個範圍。這是從理性、實際的層面來探究命。

命，為什麼會存在呢？這可從現實生活中去瞭解。很多人每天一早起來就開始忙，一天到晚都很忙，累了就睡，很少動腦筋。像這樣不動腦筋，一天過一天的人，就是完全照著命在走。所以，太過忙碌的人，是沒有什麼創造力的，每天都一樣過，年年都一樣過，一晃一天，一晃一年，一晃十年，一輩子都沒有改變，還能有什麼創造呢？可是，有些人卻不然，他每做完一件事，都會檢討，下次絕不照這樣去做，要「日日新」、「又日新」，不斷地改善，這樣的人創造力很強，他的命也就很難算得準。

有的人很聽從先天的安排，有的人很注重後天的規劃，這是每個人不同的選擇。

伏羲當年創造出八卦，是用來預報天氣的，後來周文王發現，大自然的規律和人類社會的規律是相通的，於是演化出了六十四卦。現代科學已經證明，天氣的變化是可以預測的，那麼，現代科學是否可以預知人的命運呢？人的命運是否可以改變呢？

今日的DNA研究已經告訴我們，命是存在的，就是那兩條東西——我們中華民族稱作「父精母血」，安排人一生的規劃，而這便是所謂的「天命」。從一個人的DNA中，可以預知他未來會不會得癌症，會死於什麼病症，這就表示命是可以算的。

那麼，你要不要算呢？如果算出來，你還剩下三年壽命，你會怎麼辦？我想，這個問題很難回答，所以很多人知道命是可以算的，卻不願意去算，因為不去算，每天都會有希望；算了以後，就沒有希望了，這樣看來，又何必非算不可呢？其實算來算去，結果只有一個：你再怎麼努力，最後都是死路一條。事實就是這樣，這是人類共同的命！人有共同的命，也有個別的命，但是，所有個別的命，都不能逃過這個共同的命！人生有趣之處，就在於每個人都知道，自己到頭來終有一死，但是，卻不知道自己什麼時候會死，也不知道會怎麼死。如果現在算出某人七十歲那年，一定會死於癌症，死的時候，只有他孤零零的一個人，那麼，這個人恐怕會從此感到人生乏味，頓失生命的樂趣和動力。

命是人所自己選擇的。我有一個朋友，告訴我他年輕的時候就算過命，算命的說他能活到七十歲。當時他高興得不得了，覺得自己算是長壽了，人生充滿美好。可是這幾年，他愈來愈悶悶不樂，晚上也睡不著覺，他告訴我：「我今年七十歲了，沒有幾天可活了，我該怎麼辦？就這樣等死？還是不如乾脆自我了斷？」在這種情況下，你會怎樣選擇？你會走哪條路？

我們學了《易經》以後，知道太極生兩儀，兩儀生四象，四象生八卦，然後十六卦，三十二卦，六十四卦，一路演化而來，這才稱為「人生」。所以，出現在我們面前的，永遠有兩扇門，一扇是生門，一扇是死門。無論什麼時候，你面前一定有一條活路，也一定有一條死路，所以你的命運，是你自己選擇出來的，而不是固定的。

很多人一聽到命，就會聯想到「命定論」，其實這是一種普遍的誤解，因為命定論根本不存在。如果你相信命定論，那就什麼事都不要做，躺在床上等就好了。我命中擁有一億財富，躺著就可以有一億財富了，又何需工作呢？我命中會當宰相，躺著就可以當宰相了，又何需努力呢？事實上，上述這些事情，都是不可能發生的！世界上根本沒有命定論這回事。但是命運也不完全是自己創造的，因為機會是有限的，資源是有限的，壽命是有限的，人力也是有限的，在樣樣都有限的前提下，命怎麼可能完全是創造的呢？如此看來，命是什麼就很清楚了，人一生的努力，就是在證明自己到底有什麼樣的命。

人生是再簡單不過的事情。不努力，你不會知道自己的命是什麼；努力了半天，也不過就是知道自己的命是什麼而已。《論語・子路》：「苟有用我者，期月而已可也，三年有成。」孔子的命，就是在當代不受重用，他很想當官，甚至宣稱只要給他三年，他就可以把國家治理得很好，但沒有人用他，見棄於當時，這就是孔子的命。但最後孔子也很愉快，因為他知道，這就是自己的命。一個人在努力過後，知道這就是自己的命，也就能問心無愧了。孔子的命，是要成為後人的萬世師表，而不是當朝的治世能臣。

《論語・述而》：「富而可求也，雖執鞭之士，吾亦為之。」——如果財富是可以求得的，就算我再不願意做的事情，我都會去做。孔子這席話，難道是在否定命？不是！孔子的態度是：我願意相信，但是我不會完全相信。由此可知：全然相信，會很危險；全然不信，還是很危險。因為世界上的事，不只是「相信」或者「不相信」這麼簡單。《易經》的態度，是站在不相信的立場來相信，或者站在相信的立場來不相信，因為陰陽是不能夠分開的。凡是宣稱相信命運，那就是有陽無陰，陰到哪裡去了？凡是宣稱不相信命運，那是有陰無陽，陽到哪裡去了？陰陽是同時存在，容不得你相信，也容不得你不相信，你去做就知道了。做到最後，發現原來自己這輩子是來做乞丐的，也要心安理得，這有什麼關係呢？所謂「時也，命也」，孔子在說這句話的時候，心態一點都不消極。

人，生逢其時，比你再怎麼努力都要強；生不逢時，縱有再大的才能，也不免要鬱鬱而終，因為沒有機會，根本不容許你發揮創造。所以「命」還要跟「時」配合。你屬於創造的命，你所處的時代，也要容許你創造才行，否則你是跟自己過不去。你是個奉公守法的人，也要看你所處的時代，是不是重視規矩，如果歪風當道，你是註定要吃虧的。

中國人對命運的觀點

關於命運，中國人常掛在嘴邊的說法是：「一命，二運，三風水，四積德，五讀書」。很多人解釋「一命」就代表命最重要，我卻不這麼認為。其實，如果我們反向思考，認為「五讀書」才是最重要的，這也未嘗不可。並非排列在前面的項目，就必定最重要，否則，近年來為什麼會冒出「知識經濟時代」這種用語？不過，現在所謂的知識經濟，其實面臨著非常危險的情況，因為現代人普遍不知道什麼是讀書的真意了。

「五讀書」——什麼是讀書？讀書並非單指看了多少書、讀了多少書，最重要的是要明白道理，也就是所謂的知書達理。如果讀了半天卻不明理，書讀再多又有何用？古人一輩子沒讀過幾本書，可是他們也活得好好的，為什麼？正是因為明白道理。現代人書讀得比古代人多了不知多少倍，但人情世故卻愈來愈不懂了。讀書這兩個字，最好的解釋便是明理。明白什麼道理？明白《易經》的道理。為什麼一定要讀《易經》？因為《易經》是自然的道理，不是人為的道理，一切按照自然的規律進行，因此，人生遵循《易經》的道理，才能過得心安理得。

植物有沒有讀書？沒有。動物有沒有讀書？沒有。可是動植物用不著算命，依然能夠活得好好的。我們明白道理，按照自然的規律去走，就能立於不敗之地。但是，沒有人有把握能夠完全明白道理，因為「吾生也有涯，而知也無涯」，生命有限，哪怕從小就很用功，很認真，窮畢生之力，想要通達所有的道理，仍然是不大可能的，這就是人類的可憐之處——「局限性」。所以，人只好退而求其次，用「積陰德」來彌補。

「四積德」——當我們按照道理做人處世時，仍不免要有所疑慮，因為我們無法確定，自己究竟是真懂還是假懂。人往往在尚未行動之際，都能把道理講得頭頭是道，一旦著手進行，就會懷疑自己先前講的，到底是對還是錯？面對這種情況時，心態一定要健康，要告訴自己：「自天佑之，吉无不利——像我這樣從不傷天害理的人，老天一定會保佑我的，不然老天保佑誰呢？」於是，「人」就能與「天」聯繫在一起了，這個天不是神，而是自然。

若我們按照道理來處世，即使有些微閃失，積陰德能從旁予以補助，但是要完全依靠它，也是靠不住的。因為我們無法斷定，自己的品德到底是好還是壞。關於這一點，只要冷靜想一想，就會發現我們經常犯的一個毛病——好心做壞事。我們經常出於好心，最後卻把事情搞砸了。實際上，存心使壞的人很少，大部分的人都是屬於好心做壞事，所以不免覺得自己很冤枉，正所謂「狗咬呂洞賓，不識好人心！」其實，正是因為一味地認為自己好，才會在不知不覺中，種下了許多惡因，做了很多壞事。所以不得已，退而求其次，我們還可以用「風水」來彌補。

風水算不算迷信？現在英文字典裡，有一個最新的詞是"Fengshui"（風水），因為風水是無法翻譯成英文的。我相信，以後會有很多英文，是從中文直接音譯過去的，因為西方人不知道該如何把漢語的意思翻譯成英文。「風水」的學問，很快就會遍及到全世界，因為風水本來就屬於自然科學的一環。

我們先來看幾個例子。在北京，南北走向的路我們拉得很正，不會歪歪斜斜的；可是南方的路多半會故意斜一點，它不敢正，這都是有其道理的。

中華民族蓋房子，總是先設計內部，把裡面方方正正做好，然後才設計外部。由於地球的磁場呈南北向，而我們人本身也是個磁場，所以晚上睡覺時，最好也順著南北向，上述都屬於風水之說，但細究其中的道理，難道不科學嗎？

風水是科學的，只是，不懂的人亂搞、盲目輕信，才變成迷信。事實上，風水之說確實存在，而且是很科學的東西，有待炎黃子孫去開發，但千萬要記住，風水雖然存在，卻非常不可靠，因為福地福人居，只要你是有福之人，不論住在哪裡，那裡的風水就一定好。

按照道理你沒有把握，積陰德也沒有把握，找到好風水也不一定發，接下來只有靠「運氣」了。運氣就是「運行於我們身上的一口氣」，這口氣是我們自己在運，運得好就叫「運氣好」，運得不好就叫「運氣不好」，這是再簡單不過的道理，何必求神問卜呢？一個人懂得呼吸，就會知道如何運氣。身體好，意志自然強，意志強，就會知道要怎麼做了。所以，運氣是你自己運出來的。中國人認為鼻子寬的人財運佳，所以便拼命呼吸，鼻子自然就寬了。如果你每次都只呼吸到胸腔，鼻子就很小，那能怪誰呢？相由心生，面相是由你自己的心所主宰，你的心一改變，念頭一改變，長相也就不同了。大多數人只呼吸到胸腔，其實，人最起碼也應該呼吸到腹腔，才能有益身體健康。我們要慢慢練習運氣，氣不運，怎麼會有好運氣呢？

中國最懂得養生的人不是孔子，而是老莊。老莊的呼吸，是運上一口氣，便能從鼻腔一路直通腳跟，這才是最養生的呼吸法。如果有一天，我們也能夠一路呼吸直達腳根，那麼，全身上下就暢通了。血脈一通，身體就好。身體一好，意志就堅強，開拓創造的精神就會得以發揮。「運氣，好」自然就能「運氣好！」

運氣是一個階段接著一個階段的，相當於每個卦中的一個爻，每一爻就代表著此一階段的運氣如何。然而，若想得知一生的榮辱成敗，仍必須檢視整體的卦象，所以，最後還是要看命。

沒有這種命，即使強求，最後也只是拿身體性命交換，沒有意義。為什麼中國人常說：「不義之財要不得？」例如一家人原本很窮，但大家身體都很健康，突然間，城市規劃一改變，本來是農地，現在改為都市用地，地皮一下就漲了起來，於是這一家人把地賣掉，一下子有了許多錢。一夜之間暴富的人，往往不知道該如何面對這種生活，於是，就開始喝酒、賭博，染上各種惡習，不到兩年就一命嗚呼了。

不應該得到的利，突然間得到了，終歸要加倍付出代價。不是自己一點一滴去累積起來的財富，最後是守不住的，這是自然規律。我們並不是仇視或忌妒有錢人，而是勸告大家，有錢之後更要小心，要回頭反省自己，是不是走在合理的人生道路上。

要造命，不要認命

每一個人來到世上，這輩子就註定要做出不同的事情，這就是所謂的「人各有命」。如果所有的人，都是來做同樣的事情，那就天下大亂了。所以人要安分守己。不安分的結果是自己倒楣，甚至讓家裡也不得安寧。社會是由各種不同的人組合起來的，大家彼此幫忙，彼此支援，有事好商量，社會就能和諧順暢的運作。如果人人都想當領導，這個社會就會亂成一團糟；如果沒有人要當領導，這個社會也註定要完蛋。所以，「人各有志」就是「人各有命」，命運就是意志所創造出來的。因此，建議大家：「不要認命，而要造命」。

人生的價值就在於造命，但是千萬記住，不可以過分勉強，過分勉強的結果是害人害己；反之，如果不及，又是自暴自棄。過與不及，都不合理。所以孔子才提出——最好的途徑，就是不要管你的命如何，只要做自己喜歡的事就好。但是，孔子所謂的喜歡，是有先決條件的，就是正當的事情才可以喜歡。

現在很多人認為：「只要我喜歡，有什麼不可以？」這是非常危險的心態。要在正當的事情裡，選擇你喜歡的，這個先後次序非常重要——首先是「正當」，然後才是「喜歡」。

年輕人要找工作，先把社會上正當的職業列出清單，不正當的工作根本不必考慮。然後，從這些正當的選項中，找出自己喜歡的工作做，而不是只考慮薪水多寡。然而，現在很多人選擇工作時，都以薪水多寡做為首要考量，這種取向大有問題。又如同大學的科系選擇，原本學生應該挑自己有興趣的科系就讀，然而，不少人都是選擇熱門科系，其實這是跟自己過不去。熱門科系只是當下看起來最有出路的，將來學成要就業時，是否依然熱門，誰也說不準。例如這陣子學物理的出路最好，大家便一擁而上，等到畢業時，正好物理潮退燒，土木潮又熱起來了，結果物理系的畢業生都沒有出路。然後，又是一批學土木的進去，等到他們畢業，土木又變成冷知識，換成化學熱起來……賭注下錯了，豈不糟糕？熱潮通常只有一陣子，並不會長久持續下去。

物以稀為貴，專業也是以冷門為強。當你的專業，變成所有人都懂的常識時，這種專業就沒有價值了。舉個例子，台灣剛開始興起電子業時，工程師都很了不起，福利好、薪資高，還被設定為「電子新貴」，所有大學的相關系所，都出現人滿為患的情形。如今，工程師滿街都是，金融風暴時，第一個放無薪假的也是電子新貴。整個環境都在變，這是事實，識時務者為俊傑，可是大多數人眼光都看不到那麼遠，所以孔子提出「從吾所好」為出發點，舉凡正當的職業，只要是自己喜歡的、有興趣的，就可以兢兢業業、投入其間，最後成功了固然高興，失敗了也不必抱怨，因為人生走到最後，求的只是「問心無愧」這四個字而已。

當你把上述觀念都釐清了，就會知道自己到底要不要算命、該不該算命了。切記，算命之後，聽到積極正面的話語就可以相信；聽到負面的話語也不必耿耿於懷，要記住，每個人都有自主性、創造性，不一定非得按照命定的方向前進，可以選擇造命而不是認命。能做到這一點，你就是一個很理性的人，這也就是《易經》所謂「趨吉避凶」的態度。可惜的是，現在有很多人算命，往往是愈算愈歹命！因為他聽到好的都不相信，聽到壞的卻照單全收，於是心想而事成，不好的事情果真就找上門了。所以對懂得算命的人而言，算命是無害的；對不懂得算命的人而言，算命就是害人害己。

有了這樣的認識後，我們要如何走出自己的人生呢？《易經》給了我們一個最好的建議：華夏子孫是以家庭來作為一生奮鬥的基礎，而不是光憑自己一個人埋頭苦幹。西方是靠個人奮鬥，華夏子孫則是以家庭為後盾，而《易經》本身就是一個大家庭，因此，我們接下來要解析「《易經》與家庭」。

易經的奧祕

易經與家庭

——修齊治平、一統天下的原點

【易經與家庭】

修齊治平、一統天下的原點

中華傳統文化非常注重家庭，「家和萬事興」這種濃厚的家庭觀念，正是源自於《易經》。因為《易經》本身就是一個大家庭，而且《易經》中有一個卦是「家人卦」，就是專門闡述如何治家的道理。

《易經》把宇宙視為一個大家庭，這與中華文化有著十分密切的關係。在全世界所有的民族中，當屬中華民族最為重視家庭倫理，這一點至今沒有改變，也是中華文化能夠源遠流長、傳承不斷的主要原因。

中國人用天地來代表父母，天就是父，地就是母。其他的六個卦，三個代表男的，三個代表女的。此外八卦還有一個特點，即「陽卦多陰、陰卦多陽」，也就是陽爻少的稱為陽卦，陰爻少的稱為陰卦。所以《易經》八卦就是由：一個父親「天」、一個母親「地」，加上三個女兒「風、火、澤」，以及三個兒子「雷、水、山」，所組成的一個八口之家，這正是最典型的大家庭。

當然，家庭計畫也必須要與時代需求相配合。現在人口太多，不允許生這麼多孩子了。一個家庭中如果有三個兒子，那麼依次排行，就是長子、中子、少子；三個女兒也是一樣，長女、中女、么女。

天（☰）的第一爻變成陰爻，就是風（☴），在《易經》中這個卦代表長女；天的中間一爻變成陰爻，就是火（☲），是中女；天的上爻變成陰爻，是澤（☱），是么女（圖13-1）。

（圖13-1）

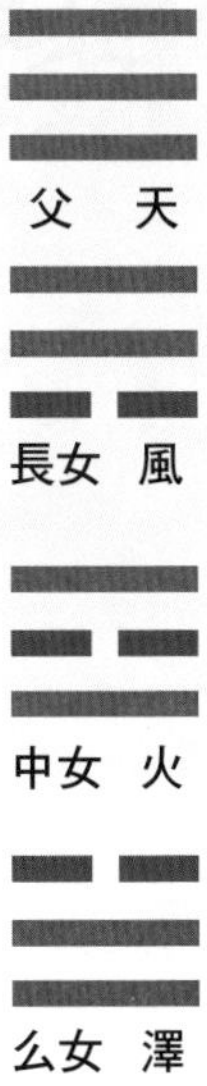

地（☷）的第一爻變成陽爻，就是雷（☳），是長男，這個卦也叫做震卦，所以一個人名字裡如果有「震」字，我們就可以推斷，他在家裡八成排行老大。第二爻變成陽爻是水（☵），叫做中男。第三爻變成陽爻是山（☶），就是少男（圖13-2）。

（圖13-2）

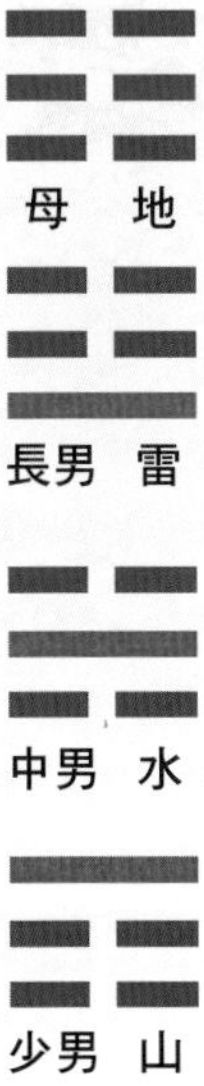

一對父母，三個兒子，三個女兒，構成一個家庭。家庭最重要的是什麼？是要富有嗎？不是！家庭最重要的是美滿。美滿就是在自己所處的環境下，找出良好的生存之道。家家有本難念的經，我家有我家的經，你家有你家的經，我沒辦法學你，你也沒辦法學我，所以每個家庭之間沒有必要比來比去。

家庭是修、齊、治、平的基礎

一個家庭最重要的是家教、家風，是家傳的一些不可改變的原則。

為什麼華僑遠赴重洋，到海外謀生，當年紀大了，都會想要落葉歸根？不論他們再怎麼窮，只要有機會能夠返鄉，一定會變賣物品，帶一大筆錢回去，與親朋好友分享，這就是「家風」的影響力。儒家文化特別強調修、齊、治、平，也就是「修身、齊家、治國、平天下」。認為只要把自身修練好了，就可以把家管理好；把家管理好了，就可以出來治國乃至平天下。難道，中國人只要管理好一個家庭，就有能力治理好一個國家嗎？真有那麼神通嗎？

其實，中國人所謂的「齊家」，不是指管理我們現在的小家庭，即使你把自己的家管理得再好，如果讓你去當縣長，你也擔當不了。這個家是指「家族」。如果一個家族的所有大小事，你都能處理得很好，就有資格去治國。一個人要如何變成家族裡有聲望、受敬重的領袖？大家尊重他什麼？是輩分嗎？不是，是聲望。

在中國社會裡，職場可以做為培養個人聲望的地方。所有的職場，都是幫助我們修身，幫助我們立德，幫助我們養望的地方。聲望是要「養」的，不是誰官大就必須聽誰的，也不是誰有錢就必須服誰的。中國人只相信那些有聲望的人，通俗的說法稱之為「有頭有臉的人」。一個人要做到「有頭有臉」並不容易，一定要眾人敬仰你的才德，如此，你講話才會有分量，才會有聲望。

宗族是家庭的擴展。中華民族很重視同宗的關係，如果你是宗長，又是族長，就說明你這個人很了不起。如果你這個宗族，能世世代代把優良的家風傳承下去，那就表示你的能力已經足已成為一邦的邦主，甚至可以成為一國的元首了。

傳承家風與家規

治國之後，要平天下。平天下是不是要統一這個世界？其實不是。中華民族的理想並非「統一天下」，而是「一統天下」。「統一」與「一統」的境界是不一樣的。唯有一統天下，才是真正行得通的道路，因為「一統天下」就等於「世界大同」。

在《易經》六十四卦之中，有一個「大有卦」，有一個「同人卦」（圖13-3），兩卦合一，便是大同。

（圖13-3）

世界只能「大同」，無法「一同」。我們是求同存異，在「大同」的前提下，尊重「小異」的差別，所以稱為「大同小異」，也就是「一統天下」。華夏民族主張「四海一家」，但是，每一家還是有每一家不同的家風、背景。我們要互相尊重，不要勉強別人家與我們家一樣。所以我們教育孩子，不要讓他跟周遭的孩子比來比去，因為每一家的家風都不同。如果孩子問你：「為什麼這件事別家的小孩可以做，我卻不可以做？」你要告訴他：「因為我們家和別人家是不一樣的，做我們家的孩子，就要按照我們家的規矩處世。」簡簡單單幾句話，就可以讓孩子知道家家都是不同的。

我們知道世界上有四大文明古國：中國、古埃及、古巴比倫、古印度。然而在這四大文明古國中，古埃及、古巴比倫、古印度都由於外族的入侵，而失去了獨立，中斷了古代文明。如果我們多讀一點洋書就會發現，西方人經常說：「這是個不連續（Discontinuous）的時代」。然而，只有我們中華民族的歷史是連續的，期間雖有起起伏伏，但從來沒有中斷過。

埃及與印度曾經一度亡國，幾經努力，才終能復國。中華民族只有興衰，一段時間「隆」、一段時間「沒」，但是從來就沒有亡國。為什麼中華文化能夠綿延不絕，中國歷史能夠一以貫之？憑藉的就是這部《易經》以及家庭觀念作為支撐。

《易經》中有一卦稱為「家人卦」（圖13-4），風火家人，上卦是風，下卦是火。

（圖13-4）

上面的風愈猛，下面的火愈旺；下面的火愈旺，上面的風又愈猛。上面的人做好榜樣，下面的人就願意去學習，這就說明了「家和萬事興」的道理。中國人經常講的一句經典對白是：「生為○家人，死為○家鬼」（註：○代表姓氏，如陳、林、王），這種了不起的思想，全世界唯中華民族所獨有。因為中國人相信，既然投胎到這個家庭，就要按照這個家庭的家風去做人做事，不可以有所違背與破壞。在此共識之下，上下一團和氣，同心協力，共同維持與傳承家風，家道就能興隆。

《易經》的下經中，有兩個專門解析「感情」與「婚姻」的卦，第一個是「咸卦」（圖13-5）。清朝咸豐皇帝的年號，就是取自《易經》裡的「咸卦」與「豐卦」，兩卦組合在一起，便稱為「咸豐」。「咸」就是「感」字去掉「心」，一個人要把心去掉，感情才是純真的，稱之為「無心之感」。時下年輕男女常把交往的前提，定義在彼此「來不來電」，其實「來電」屬於一種「有心之感」，所以無法恆久，因為天底下沒有任何一個人，可以保持恆久的電力。

（圖13-5）

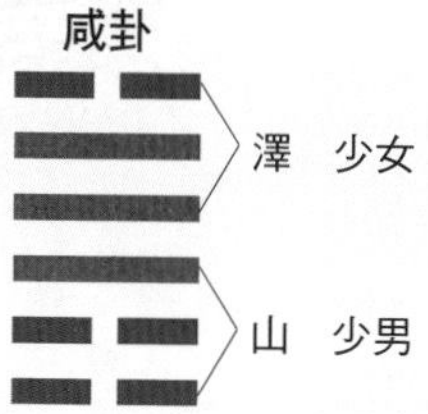

無心之感才能可長可久

中國人對婚姻極為重視，我們千萬不要受某些人影響，而誤以為媒妁之言、父母之命、門當戶對這些觀念都是錯誤的，事實上，很多中國人都是遵循上述法則完成終身大事，而且生活得十分幸福。天底下會狠心出賣兒女的父母是少之又少，因為那樣的父母根本就不是人。做父母的，都是以兒女的幸福、一生的榮祿為重，所以會很謹慎地處理晚輩的婚姻大事。

異性交往，需要經過長期的瞭解，慢慢地培養出感情。但是有一個前提，我們看咸卦就會知道——澤山咸，咸卦的上卦是少女，下卦是少男，這個卦象是女的在上、男的在下，也就說明戀愛時，男性要主動追求女性，女性不可以主動追求男性。現代很多人會說：「時代不同了，女追男又有什麼關係？」可是說這種話的人，大部分都不曾有過這種經驗。如果真的遇到這種情況，自然就會明白其箇中道理了。

男人追女人，是隔一重山；女人追男人，只隔一層紗。然而，凡是女人追男人，婚姻都不太可能持久，因為對男人而言，得來太容易的，往往不會好好珍惜。但是，男人追女人，隔了一重山，挑戰度高，困難度也高，真正能成功的並不多。所以，兩性交往最好的方式，既不是女人追男人，也不是男人追女人，而是女人學會如何把男人「釣」過來才高明。女人為什麼要費心去「追」男人？用追的，只會把對方嚇跑，用「釣」的豈不是更妙？

如果有男性朋友說：「我追上了一個女孩子。」我就會說：「錯了，是你被她給釣上了。」明的是男人追上女人，暗的是男人被女人釣上，這也是一陰一陽的道理。

咸卦之後，接著就是恆卦。男女結婚以後，就要走入恆卦（圖13-6），才能長長久久。

（圖13-6）

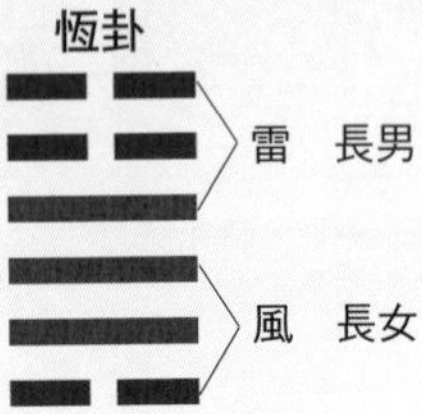

像我們這一輩的人，幾乎是很少離婚的，因為在我們的腦海裡，根本沒有離婚的觀念。人是有離婚的觀念才會離婚的。千萬不要以為離婚是年輕人的專利，很多人活到七老八十，也一樣照離不誤。我曾經問過一個年紀很大的離婚者，為什麼這麼老了才要離婚，他回答：「以前我是不方便離婚，現在小孩都長大了，可以放心離婚了！」

我可以很明確地告訴大家：「腦袋裡有離婚觀念的人，遲早會離婚；腦袋裡沒有離婚觀念的人，就是吵翻天，也絕對不會離婚。」很多人問我：「你跟太太吵不吵架？」我說：「夫妻不吵架，那就是客人。」夫妻哪有不吵架的？但是我們有吵架的資格，有吵架的權利，因為我們再怎麼吵，都不會離婚。不像有些夫妻，一吵架就離婚，甚至還沒吵，離婚證書就已經簽好了。

夫妻會離婚，就是不懂《易經》的道理。兩性在交往時要奉行「咸卦」，咸卦為澤山咸，女在上、男在下，是要男人追求女人。可是結婚以後，就要奉行「恆卦」，恆卦是雷風恆，男在上，女在下，是要女人輔助男人。

通常，離婚對女人而言是比較痛苦的。離婚以後，男人多半很快又結婚了，而女人多半要撫養小孩。而且離婚後的女人，衰老得很快，還能與誰為伴？男人只要有錢，年紀再大，照樣可以找到第二春、第三春，這是非常奇怪的現象。其實只要讀懂《易經》就會知道，女人與「七」有關，所以稱為「妻子」。二七一十四，女孩子十四歲就成熟了；七七四十九，女人四十九歲就差不多停經，不會再生育了。而男人與「八」有關係，二八一十六，男孩子大概十六歲才成熟，比女孩子晚；八八六十四，男人到六十四歲還能生小孩，這是自然規律。

如果我們能依循咸卦與恆卦的道理，來處理感情與婚姻——婚前格外謹慎，婚後睜一隻眼、閉一隻眼，人生就會很美滿。至於幸福或不幸福，那是個人的主觀感覺，無法客觀評估。

家人卦的啟示

家人卦（圖13-7）最上面是一個陽爻，最下面也是一個陽爻，啟示我們：家是一個完整的團體，要防範的是外面的人。家有家規，家有家的安全範圍，所以沒有一個家是不裝設大門的。門有兩種功用，一方面能防止外人入侵，一方面能防止家裡的人出去胡作非為，這是雙方面的，因為有陰就有陽。

家人卦中，九五代表爸爸，六二代表媽媽。因為上卦代表外，下卦代表內。一個家庭通常都是男主外，女主內。有些人認為，這樣的說法就是男女不平等，那麼請問：「三更半夜有人來敲門，這時誰應該要去應門？」在這種情況下，即使丈夫再懦弱，也要挺身而出，說：「我去開」，這樣才像個男子漢！如果丈夫對妻子說：「你去你去」，自己反而躲在棉被裡，那日後他在家裡還能有什麼地位？所以男主外，女主內，這無關乎平等或不平等。

（圖13-7）

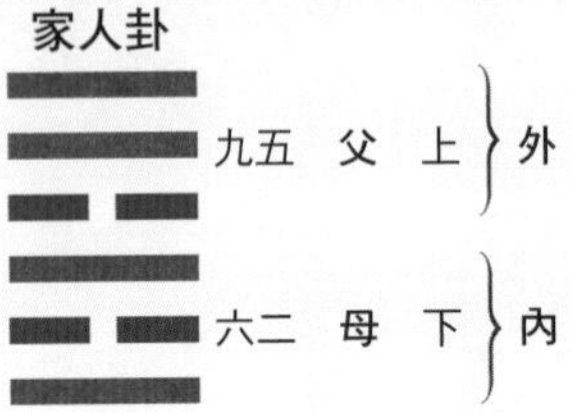

但是，《易經》也啟示我們，凡「例行」的便會有「例外」的，像武則天、花木蘭這些女中豪傑，也很令後人尊敬。武則天是女性，但她把乾道發揚得非常好，如果不是被人扯後腿，她還可以做得更好。花木蘭女扮男裝，代父從軍，征戰疆場，屢建功勳，誰又能否定她的表現？凡事都可以有特例，易的思想，原本就包容了特例在內。但是，就一般常態性而言，對外的事情，通常是由爸爸處理為宜；家裡的事情，通常是由媽媽處理較佳。

《易經》啟示我們，父親要嚴、母親要慈，這是什麼道理？因為母親跟孩子相處的時間較長，用慈愛的方式教養，孩子的心靈會比較安定。如果做母親的很嚴厲，天天給小孩臉色看，孩子的情緒就會動盪不安。就像天氣一樣，大部分的日子天氣好，偶爾颳風下雪，人們比較容易安居樂業；萬一天天颳風下雨，偶爾才出個太陽，連作物都長不活，人們哪有心思去追求更多發展呢？所以，在男主外、女主內的家庭中，「父嚴母慈」是有道理的，倒過來就不對了。然而，在少子化的現代社會，很多父母不遵循父嚴母慈的教養模式，還反過來一起來討好小孩，最後，整個家庭的紀律、倫常就崩毀了。

好的家庭教育，需要爸爸與媽媽通力合作，讓小孩明白，這個家庭是有規矩的，所以家庭教育要講究方法。

媽媽對小孩說：「你再不乖，爸爸回來就要挨打了！」這是出賣爸爸嗎？其實這是要造就爸爸的威嚴。人生在世，至少要有一個令自己害怕的對象。小孩如此，成人亦然。連孔子都說：「君子有三畏：畏天命，畏大人，畏聖人之言。」人的心裡頭，總要有一些害怕的人事物，這樣才比較可以自我約束。否則天不怕，地不怕，那還得了？小孩是需要教育的，總要使他有一個比較畏懼的對象才好。

父親尊重母親是陰，母親尊重父親是陽，陰陽一結合，威力就加乘。小孩不聽話時，媽媽可以告訴小孩：「你再不乖，爸爸回來就要挨打了！」爸爸回來時，媽媽要偷偷告訴爸爸，今天孩子做了哪些不好的事情。這時，爸爸能不能對孩子說：「是媽媽告訴我你不聽話的，所以我才打你，你要恨，就去恨媽媽好了」？如果爸爸這樣說，就是不明事理，那他還算什麼爸爸呢？這個家庭又怎麼會和諧呢？孩子怎麼會有所長進呢？

當爸爸知道女兒把媽媽的口紅塗得到處都是，而媽媽拿女兒沒辦法時，做爸爸的，不應該馬上有所行動，而是要等到合適的時機再開口。

大家有沒有發現，凡是父母直接了當地教訓小孩時，小孩通常是不太聽的。我問過很多被爸爸叫去訓斥半天的孩子：「爸爸罵你些什麼？」小孩都說：「不知道。」我感到很奇怪：「罵那麼久，你不知道爸爸罵些什麼嗎？」小孩子回答：「我只看到爸爸在那裡喋喋不休，但我一句話也沒聽進去。」這就是做爸爸的不懂教育方法。

其實，小孩最有興趣的，是偷聽爸爸和媽媽在講些什麼，所以，日常生活中，父母可以用一搭一唱的對話方式教育小孩，最能達到效果。

一日三餐是中國人教育小孩的最佳時機。例如：

吃飯時爸爸問媽媽：「最近妳有沒有看到小玉？」媽媽回答：「你說的是王媽媽家的女兒小玉嗎？沒有啊，我好久沒有看到她了。」爸爸說：「我今天出去辦事的時候，正好碰到小玉，你知道嗎，她好可憐，」媽媽馬上緊張地問：「怎麼可憐啊？小玉怎麼啦？」（這些話都是講給小孩聽的，不然何必那麼緊張？）這時候爸爸反而說：「不要講了，現在吃飯不適合講這件事。」（這樣講是故意吊小孩的胃口。）媽媽說：「你快講，話不要講一半，我急著想知道。」爸爸說：「我講了，你連飯都吃不下去了。」媽媽說：「才不會。」（這樣，小孩會更有興趣聽爸爸媽媽到底在講些什麼。）爸爸說：「小玉不知道為什麼，拿她媽媽的口紅在自己臉上亂塗亂抹，塗到最後開刀了，現在臉變得好難看。」小孩聽到這些話，從此以後，看到口紅連碰都不會碰，壞毛病就立刻糾正過來了。

為什麼人講話非要直來直往呢？中國人喜歡用「點」的，只要你一點，他就通了。中國人的警覺性是全世界最高的，但是，有一點往往被忽略了，那就是中國人也是自主性最強的人——我要改變，我隨時可以改變；別人想改變我，門兒都沒有。我們老是想要改變孩子，這是父母的錯，小孩自己會改變的。自己改變，輕而易舉，但是大人要改變孩子，卻是想盡辦法都不見效果。

良好家庭教育能防患未然

現今社會已步入了少子化時代，孩子愈生愈少，每個都是寶。每對父母都希望自己的孩子能出人頭地，甚至不惜花費鉅資栽培孩子，給孩子最好的教育環境與物質條件。然而，嬌生慣養的後果，是製造出許多抗壓性不佳的「草莓族」、「豆腐族」、「布丁族」……成為家庭與社會的負擔。面對此一棘手的教養問題，我們要如何調整改善呢？

歸根究柢，我們有三件事做錯了：第一，方向錯誤；第二，方法不對；第三，方式有問題。如果把這三件事釐清，教育孩子就會變得容易，沒有太大的困難。家庭要樹立起規矩，我們家的規矩就是這樣，別人家怎麼樣我不管。父母要讓孩子知道，這個家是有原則的，他不能去挑戰。當家規建立起來後，小孩就會知道，要如何約束自己，也自然知道該如何做人處事。

家教會影響一個人的一生。我們要切記這句話：「養兒子不教，害死自己全家；養女兒不教，害死別人全家。」

一個男人找錯了太太，會倒楣九代，不是一代而已，九代都收拾不了殘局。婚姻不是年輕人可以自己輕率選擇的，因為他還太年輕，很多事情考慮不周、想不明白。很多人跟我抱怨：「我爸爸不懂，我媽媽也不懂，所以我才會這麼糊塗，很多事他們早該告訴我的。」但是抱怨有什麼用？後悔有什麼用？沒有用的，所以一定要事先做好防範。

「家人卦」的第一個密碼，就是一個「閑」字。閑是什麼意思？

第一，門要加上一根木頭，把它栓起來。

第二，家裡面不能有閒人，不能晚上收留不認識或者不熟悉的人在家裡面。

第三，家裡面的人要勤勞，不能太閑，一閑就會出事，不能一天到晚沒事做，專講別人的閒話。

此卦歸納起來，就是提醒我們要防患未然。父母要負責任，教育好自己的孩子，這就是防患未然。

如果小孩現在就難以管教，將來還能有什麼指望？這是中國人最常思考的問題，但是，外國人卻很少有這方面的思考。同樣是家庭，西方的家庭是「有限公司」，小孩養到18歲，父母就退股，讓小孩獨立；中國的家庭是「無限公司」，孩子一輩子都是家人，想把他丟掉都不行，即使登報宣告脫離父子關係也沒有用，我們的親情是割不斷的。因為無論小孩走到哪裡，別人都會認得那是你家的孩子。

其實，很多問題父母都可以提前防患，因為孩子的可塑性很強，許多習慣都是慢慢養成的，父母一定要負起責任。像我們這個年代的人，使用抽取式面紙，一次只會抽一張，不像有些人胡亂抓一疊。如果一個家庭裡，有小孩毫無節制地用紙，持續下去，可以想見將來的他，很可能是個敗家子。做父母的，應該從現在開始導正他，否則，將來這個孩子會把整個家業都敗掉。家裡絕不容許出現敗家子，這是父母的責任。

我吃飯時，從來沒有用過第二張紙。一張餐巾紙剛用一下，服務生就要幫我換一張，我會告訴他：「先等等，我還沒有用完。」那麼浪費做什麼？再有錢的人，也沒有資格浪費，因為浪費是一種習慣，「由儉入奢易，由奢入儉難」，一旦放開來就沒救了。節約永遠是美德，這是不變的道理。

如果小孩第一次拿了錢出去，做父母的便認定孩子會偷錢，這就是大人沒有知識。因為，在小孩的觀念裡，根本沒有「偷」這個字。父母說他偷了錢，他才開始有偷的觀念，認知到：「原來這是「偷」啊，還有這麼好的事，以後缺什麼東西，我就偷吧！」這是父母教會孩子什麼是「偷」。

小孩沒有財產歸屬權的觀念，父母最好還是一搭一唱，用對話的方式來教育小孩。例如：

媽媽問爸爸：「我桌上的錢，是不是你拿的？」爸爸說：「如果我拿了，一定會告訴你，因為我不是那種會隨便拿人家錢又不說的人。」（其實，這些話都是在教育小孩。）這時，媽媽就要心平氣和的回答：「也對，如果你不講就拿了，人家還以為你是偷，事實上，你沒有偷的意思。」這時候，在一旁的小孩，就會告訴父母：「錢是我拿的，但我真的不是偷，我只是不知道那個錢不能拿，所以我就拿了。」媽媽說：

「沒有關係，沒有人說你偷，我們家從來沒有人會偷東西，不過以後你要注意，免得外面的人，以為你有不好的習慣。」如此一來，小孩立刻就會將行為改正過來了。

如果父母一口咬定小孩偷東西，那小孩就真的會偷給父母看：「反正你們說我偷嘛，我不但偷家裡的，還偷外面的。」把小孩逼到絕境，對父母而言一點好處也沒有。

家庭教育不是那麼簡單的事情。《易經》裡的家人卦非常重要，能給我們很好的啟示，讓我們知道家教一定要嚴。寧可嚴，不能寬。現在很多人一聽到「嚴」，就誤以為是虐待。嚴怎麼會是虐待呢？這與虐待毫無關係。

傳統社會中，如果孩子犯了錯，父母就會給予嚴懲。然而現代人強調「愛的教育」，認為絕對不可以打孩子。

教育小孩時到底要不要打？說「要」，是不懂《易經》的人；說「不要」，也是不懂《易經》的人。《易經》裡沒有「要」與「不要」，所以學習《易經》以後，就不要再陷入這種二分法的思考模式了。如果有人問你，你也不要回答，若真的要回答，只說一句話：「打不打不重要，怎麼打才重要。」

事實上，《易經》可說是專門研究怎麼打的，打得合理就打，打得不合理就不打。教育孩子寧可嚴，因為嚴了要放鬆很容易，但鬆了要嚴格卻是非常困難。例如，衣服總是穿得寬寬鬆鬆，要打領帶時就會感到彆扭；如果天天打領帶，偶爾一天不打，就會覺得很舒服自在。

家庭是中華文化的命脈所在

大家從《易經》的角度去看，就會明白，家庭永遠是我們在茫茫人海中最溫暖的港灣。我們若行有餘力，還能夠照顧左鄰右舍，但前提是要先把自己的家顧好，這就是所謂的「固本」。把小孩培養好，影響是很長遠的。

一個人在家裡頭規規矩矩，到外面待人處事，自然就能發揮以身作則的效用。咸卦是婚前的指引，上面是少女，下面是少男；而恆卦是婚後的指引，上面是長男，下面是長女。為什麼兩卦的位置會顛倒？這個問題值得好好思索。

還有，大家非常熟悉的兩個卦，一個是泰卦，一個是否卦（圖13-8）。泰卦是地在上，天在下，也就是母親在上，父親在下；否卦是天在上，地在下，也就是父親在上，母親在下。不要以為中華民族重男輕女、男女不平等，絕對沒有這回事。實際的情況是，有時候男在上，女在下；有時候女在上，男在下，必須要根據「時」，來做合適的搭配。

（圖13-8）

泰卦

否卦

母親要在子女面前尊重父親，樹立他的權威；父親要以母親為重，告戒小孩不能氣媽媽。小孩不敢氣父親，所以父親可以放心地跟孩子說：「你可以氣我，你不可以氣媽媽。」還可以進一步告訴孩子：「媽媽每天那麼辛苦，你還這樣惹她，哪一天惹到爸爸不想工作，專門在家裡盯著你，那你就糟了！」然而，現在的家庭不是這樣，往往是媽媽出賣爸爸，爸爸出賣媽媽，家庭也就變成叛逆團體，怎麼會家和萬事興呢？家庭是中華文化的命脈，如果不能齊家，我們的後代就會很危險。

中國人的每一句話，都是有經有權、有明有暗、有陰有陽，不只是單一的意思表示而已。我們常說：

「父母在，不遠遊」，但又說：「男兒志在四方」，這兩句話豈不互相矛盾？其實不然。把這兩句話對照思考，意思就是：當我們應該在家時，就要做到「父母在，不遠遊」；當我們應該出外發展時，就要做到「男兒志在四方」。

對炎黃子孫而言，光耀門楣是很重要的事，但也要能夠承上啟下。如果父母年紀大了、生病了，就應該把自己的功名暫時擱置。這時即使有天大的事情，都交給別人去做，陪伴父母是此時此刻最重要的事。因為等到你功成名就的那一天，父母可能早已不在人世，這時想侍奉父母也為時晚矣。要追求功名，等父母走了以後再開始都來得及，為什麼非要為了功名，而棄自己的父母於不顧呢？那是非常錯誤的作法。

為什麼中國人既有「門當戶對」，又有「私定終身」呢？意思是：該門當戶對時，我們就要門當戶對；而當自己非常有把握，認定再也沒有人會比眼前這個人更適合你時，就算是私定終身，又有什麼關係？

《易經》給予我們很大的彈性，其中的標準是什麼呢？唯有「合理」兩字而已。凡事合理就可行，不合理就不可行。可見《易經》並非只是一個單純的卦象而已，《易經》本身就是一個象數理的系統，而象數理是有連鎖作用的，所以我們接下來要討論「卦的象數理」。

易經的奧祕

卦的象數理

——牽一髮而動全身的連鎖效應

【卦的象數理】

牽一髮而動全身的連鎖效應

學習《易經》，應該要從掌握卦的象、數、理這三個方面的基本知識著手。其實，《易經》中的象、數、理，一直存在於我們的生活之中，只是我們日用而不知。

一般人會認為，《易經》是從象開始的，這種說法不是很準確，其實，一切都是從數開始的。心中沒有數，如何去畫那個象呢？只不過我們第一眼看到的是已經畫出來的象，而沒有去深入瞭解到每個象的背後，一定早有一個數的存在。

常言道：「一切自有定數」，這句話其實並不迷信，它告訴我們，所有的事情都有一定的規律，宇宙萬象都是有定數的。例如，內行的人看到一棵樹，就大概知道它能不能繼續存活、能活多久、將來會長成什麼形狀、做什麼用途。又例如俗話說：「三歲看大，六歲看老」，意即觀察一個小孩三歲時的表現，就能大概知道他長大以後是什麼樣子；觀察他六歲時的表現，就差不多能看透這個孩子的一生。有人可能自認沒有識人之明，也無法看到如此久遠的未來，然而，那只是他個人修為不夠高而已。中國有這種修為的人很多，自古至今，凡成大事者，在識人方面都有過人的本領。

數和象都是依理而行

子曰：「雖百世，可知也。」意思是：即使是一百世以後的事情，我都可以清楚知道。孔子的「知」並非神通，而是推論、推知、推理的結果。《易經》中的理，隱藏在象與數的後面，讓人更加難以看清楚。理是象與數合起來所得到的一個規律，數與象都離不開理。我們常說「依理而行」，一個人只要按照道理去做事，基本上就不會出什麼大差錯。

提到象，你會想到現象，還是真相？要知道，現象並不一定代表真相，因為現象是有虛有實的，有真相，還有假象。而《易經》中所指的象，是虛實合一的。因為整個宇宙有實的，就一定有虛的；有看得見的部分，就一定有看不見的部分，這便是有陰有陽，陰陽同時存在，任何人都無法清楚地區分。

一個會看相的人，根本不會去看人的表面。當有個人說：「替我看個相吧！」其實，這時已經不必看了，因為他在說這句話的同時，全身上下都已經做好了被看的準備，已經全都是假象了。看相，要在被看者不經意的時候去看，才能看出真相，這才是看相的方法。這與綜合判斷一個人的表現是一樣的道理，並不是迷信。其實，很多事情是我們自己認識不清，反而說它是迷信。因此從現在開始，我們要把《易經》的象、數、理徹底釐清，如此才能確實知道自己的判斷是不是合理。

易的象與數

最早，伏羲找到了兩個最簡單的象，就是遠古先民結繩記事的兩個動作：一是打結，一是鬆開。用今天的話來說，《易經》就是開關，與電燈的開關一樣。所有的電燈都是由開關控制的，開關開了，燈就亮了；開關關了，燈就暗了。同理，陰就是關、電流不通，屬於物質的部分；陽就是開、電流通了，屬於精神的部分。

過去的人一味認為，精神就是精神，物質就是物質，等到西方的愛因斯坦證明了物質和能量是互變的，物質的運動速度快到一定程度就會變成能量，能量的速度慢下來又會變成物質，世人便讚歎愛因斯坦的智慧。其實，中華民族的老祖宗，很早以前就告訴我們，陰極就會變陽，陽極就會變陰，陰陽本來就是互變的，這種說法，與愛因斯坦的質能互變理論不謀而合。

究竟是數從象來，還是象從數來？常言道：「心中有數。」其實，人都是相當主觀的，往往是心中已經有數之後，才去看象的。

《易經》的六十四卦，每一個卦都是由六個爻組成的。其中，連續一畫的是陽爻，中間斷開的是陰爻。六個爻不是陰的就是陽的，所以一個卦總共也就只有兩種符號。一個卦的六個爻怎麼變化都可以，可以有三個陰三個陽，也可以有兩個陰四個陽，還可以有兩個陽四個陰……但是無論怎麼變，無非就是陰陽兩種。而陰陽有一個共同點，就是所謂的數。數是有生命的，是活的，不像我們現在所學的數學，是死的。

我們來看一個卦（圖14-1），這個卦就像是一口棺材，中間四個陽爻像一個死人，硬梆梆地躺在棺材裡，上下兩端各有一個陰爻，就像四顆釘子一樣釘下去，蓋棺論定——這個卦就是個「棺材」象。

大過卦

（圖14-1）

其實，我們生活中的很多事物現象，都是從卦象模擬而來的。例如，一個人要剛強，但是過度剛強，壽命就不會長。如果有人說：「我就是硬脾氣！」那麼，他就要做好短命的心理準備了。我們從自然現象來觀察，人活著與死去的差異，就在於活著的時候，身體有彈性，死了以後，身體就僵硬了。如果一個人經常生氣，氣到全身都僵硬，壽命多半不會長久。我們讀《易經》，就該從中學習如何調整自己，不要發怒到讓身體僵硬，才能好好地活下去。

同樣是這個卦的象，也可以不把它想像成棺材，而是想像成一座橋樑——它的底下是大河，兩邊的陰爻都是釘子，一條條的陽爻是木板，我們踩著它就可以過河了。一個象，由不同的人來想像，會出現不同的結果，所以我們才需要卦名。卦名就是給大家一個範圍，我們只能在這個範圍內想像，而不是看到一個卦象，就天馬行空地胡亂想一通。

前面看到的這個卦，卦名是「大過」。之所以命這樣的卦名，是因為《易經》裡陽大陰小，凡是陽就是大的，陰就是小的。這個卦裡有四個陽、兩個陰，表示大的多、小的少，是大過於小，所以稱「大過」。這個卦提醒我們：任何事情只要大過於小，就要當心有類似大過的問題出現。

依此類推，《易經》裡的「小過卦」（圖14-2），就是中間有兩個陽爻，上下兩端各有兩個陰爻，總共四個陰爻、兩個陽爻，即小過於大。小過的象就是一隻小鳥，中間兩個陽爻是鳥身，旁邊兩對陰爻是翅膀，它象徵的意思是：飛過去就了無痕跡了，所以我們不會太注意它。

當你看到一副棺材時，無法不在意；當有一隻小鳥從旁飛過時，你卻很可能會忽略。而人之所以會大過不犯，就是因為在意，所以會戒慎恐懼；人之所以會小過不斷，就是因為不在意，所以漫不經心。

（圖14-2）

小過卦

現在我們知道《易經》裡有一個「大過卦」，有一個「小過卦」。孔子要人「不二過」，事實上，就是在提醒大家：「既不要犯大過，也不要犯小過。」有些人一聽到大過，就覺得糟糕了，實際上並非如此，大過也可以是一個讓人喜悅的卦。

大過卦可以是成功，也可以是成仁

很多人讀《易經》，只從文字表面去解釋，所以一看到大過，就覺得是不好的卦。在此要特別強調，《易經》裡根本沒有好卦與壞卦之分，同一個卦象，可以有完全不同的解釋。

大過卦它可以是棺材，也可以是橋樑。橋樑意味通往前方的道路，代表「成功」；棺材意味死路一條，代表「成仁」。所以才有「不成功便成仁」的說法，這是大過的真意。

大過就是創新，就是改革，是高度冒險的事情。到底要不要做，得靠自己決定。《老子》：「不敢為天下先」就是告訴我們，一個人如果下定決心要為天下先，心裡就要做好充分的準備——不成功便成仁，成功了不見得有自己的份，失敗了就只有死路一條。古往今來所有的大人物，都做好成仁的準備。古代的忠誠之士，明知進諫會使皇帝生氣，但職責所在，必須要講，既然要講，就要做好死的準備，真正到了皇帝要殺他的關頭，絕不求饒，因為他死得心安理得，這種結果是他早就料想到，並且願意承受的。

我們一般人是沒有能力，也沒有機會犯大過的，充其量只會犯一些小過。所以，世上大多數人都是小過不斷，大過不犯。而歷代的偉人，不論從哪個角度看，他們在當時都是犯大過的，與當時的時代有非常激烈的衝突。談到這裡，我們已經明白，犯大過的人，心裡必須有個觀念和決心，那就是「不成功，便成仁」。

大過卦告訴我們，一方面，你可以成功地構築出一條通往未來的橋梁，為人民謀福利；另一方面，如果不成功，就要準備進棺材了。所以，大過卦有兩個象，一是人不犯大過比較安全；另一象點出，如果要犯大過，就要有種、有擔當、有責任，做好「不是成功，便是成仁」的心理準備。面臨失敗時，要能死而無憾，因為這條道路是自己所選擇的。

《易經》中有一個「頤卦」，中間四爻全是陰的，只有上下兩爻是陽的（圖14-3）。這個卦與我們上面談到的大過卦，正好完全相反。大過卦中的陽爻在此全變成了陰爻，而陰爻全變成了陽爻，這種現象，在《易經》裡稱為「錯卦」，即兩個卦相錯。再舉個例子，乾卦裡全部都是陽爻，而坤卦裡全部都是陰爻，乾卦與坤卦就是相錯的。

（圖14-3）

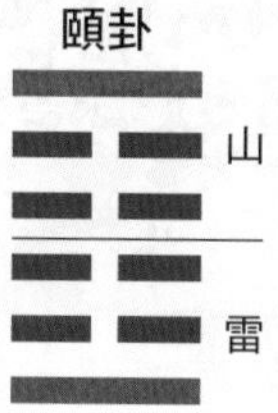

大過卦的上下兩爻是陰爻，中間全是陽爻，相錯後變成的頤卦，上下兩爻是陽爻，中間全是陰爻。

在頤卦中，上面的陽爻代表人的上嘴唇，下面的陽爻代表人的下嘴唇，中間的四個陰爻代表人的兩排牙齒。所以這個卦象徵大小通吃、大快朵頤，是探討養生的卦。

頤卦由山、雷構成，上面三爻是山，下面三爻是雷。相對來講，山是不動的，而雷是動的，就好比我們吃東西時，上排的牙齒維持不動，都是下排的牙齒在動，上面是陰，下面是陽。有人不信邪，非要下排的牙齒不動，上排的牙齒動，試一試就會發現那樣很難咀嚼食物，因為這是自然的象，誰也改變不了。萬事萬物總是一個陰一個陽，兩者都動或兩者都不動，都是行不通的，只有一靜一動、一陰一陽，才是《易經》的道理。

我們知道，山不會發出聲音，但是雷會發出聲音。那麼，我們吃飯到底要不要發出聲音呢？如果一個人吃飯完全不發出聲音，就表示雷怎麼都發不出來，被山壓得死死的，由此可以推測，此人可能很拘謹，或者心情很沉悶、很驚恐，才會連一點聲音都不出。既然是雷，多少應該發出點聲音，這樣才表示我們心裡很坦然。當然，吃飯發出太大的聲音也是不宜的，會讓人感覺此人肆無忌憚，或是缺乏教養。

頤卦同時點出：與其看別人飲食，不如自己找食物來吃。

既然頤卦的象是兩排堅硬的牙齒咬東西，那麼，如果兩排牙齒之間出現一根魚刺呢？這時卦象馬上就變了，成為「噬嗑卦」（圖14-4）。噬嗑卦顯示，若不是你咬斷中間的這根魚刺，就是它把你的牙齒硌掉。簡單的卦象，卻蘊含了人生的大道理。

噬嗑卦

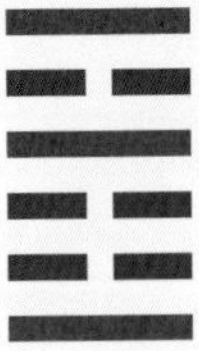

（圖14-4）

世間一切離不開數的變化

《易經》的六十四卦，每一卦都有卦名，不同的卦名代表不同的意思，目的是讓我們在看到象以後，不會胡思亂想，而能根據卦名來做合理的想像。卦中的每一爻都是數的變化，而數的變化，就是一而二，二而一而已。一而二，二而一，就是一分為二，二合為一。

與《易經》中的數對比，現在最高深的數學也不過如此而已。舉兩個例子作個比對。第一個，我們在一邊列出太極、兩儀、四象、八卦、十六卦、三十二卦、六十四卦，在另一邊列出始數、方根、平方、立方、四次方、五次方、六次方（圖14-5），就會發現它們是一一對應的。

第二個，我們在數學裡學過2n，將n等於0、n等於1、n等於2、n等於3，與太極生兩儀，兩儀生四象，四象生八卦對應起來，會發現兩者還是相通的（圖14-6）。

（圖14-5）

（圖14-6）

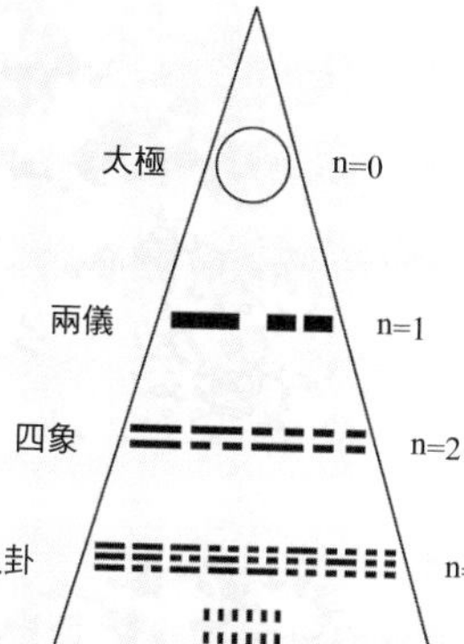

世界上的一切都離不開數的變化。例如人的年齡，我們都是一天比一天老，又如人的身體，也是一天一天在變化。所有的東西都是不進則退，不是愈來愈好就是愈來愈差，沒有靜止不動、維持現狀的。

朋友之間的交情也是一樣，不是愈來愈親密，就是愈來愈疏遠。哪怕是親戚、兄弟，長久不連絡感情，一旦見面了，也會變得沒話講。依據《易經》的道理，朋友要常往來，不然就不算是朋友了。朋友往來，不能僅僅計較利害關係，或者整天聚在一起開玩笑，盡講些沒有用的話，那都只是浪費時間罷了。但是，現在很多人都是整天聚在一起嘻嘻哈哈，沒意識到自己正在浪費生命。如果我們真正明白《易經》的道理，就應該是朋友聚在一起，互相分享一點智慧，這樣多好。

人可以做小丑，但不能搞笑。現在的人很喜歡搞笑，事實上，這是人類社會很大的危機。如果你帶小孩去看小丑，問他要不要學小丑，他肯定說不要，他自己就知道不要學小丑，可是看到有人搞笑不正經，小孩只會覺得好玩，馬上跟著學，分不清楚這樣做到底應不應該，這就糟糕了。關於這一點，時下的藝人要負很大的責任，但他們不知道自己把很多人帶壞了。這種例子多不勝數，有些藝人把頭髮染得五顏六色、亂七八糟，導致一些孩子跟著模仿，最後連父母都管不了。試想，一個人的生命中，有多少時間值得用來整天擺弄頭髮？

做父母的，更要成為孩子的好榜樣。如果爸爸整天穿名牌，小孩一定從小就追求名牌。衣服原本是用來保暖的，只要整齊舒適就可以了，與是不是名牌沒關係。追求名牌，是人類自找麻煩，不明事理。任何事情，當數一變，後續就會跟著發生很大的變化，這就是所謂的「差之毫釐，失之千里」。

所謂的數，其實用「一、二、三、四、五、六、七、八、九、十」這十個數，大致就可以解決了。我們的手一共有十根指頭，一隻手掌有五根指頭，這五個稱為「生數」。生數是基礎，當五個數無法解決時，才拿另一隻手掌來湊，所以六以上都稱為「成數」，意即湊成一個數。

一件事，用五能夠解決，用五就好了。我們之所以把一隊人馬稱作隊伍，便是意味這隊人馬，用一隻手掌的五根指頭就可以掌握了。如果一隻手掌握不了，怎能稱作隊伍呢？如果稱「隊六」，便意味有一個跑掉了，稱「隊七」更糟糕，表示有兩個跑了。由此可知，中國話裡的很多詞語，如果我們瞭解它的真意，自然就會知道該怎麼做了。

九與六便是如此。在《易經》中，「九」與「陽」密切相關，九代表「老陽」；而「六」與「陰」密切相關，六代表「老陰」。陽極成陰，陰極成陽，老陽和老陰會互變。

事實上，《易經》六十四卦中，每一卦都是會變的，所以稱為「變卦」。一個人說話不算數，我們會說他「變卦」了。一個卦成了以後，只要其中一個爻起了變化，整個卦就變了，所以才會有「牽一髮而動全身」這句成語。

因為九的老陽與六的老陰會互變，因此，我們在九與六的基礎上，加入了七和八。七和八是不變的，因為七是少陽，八是少陰，少陽與少陰是不會變的。

說到這裡，可能會產生一個疑問，七比九小，七是少陽，九是老陽，這個容易理解，但八明明比六大，為什麼八是少陰，六反而是老陰呢？說穿了其實很簡單，因為陽是向外擴張的，處於膨脹的狀態，所以九比七大；而陰是向內收縮的，所以六比八大。可見，數的大小與它的性質密切相關。所謂「七上八下」，就是指七這個數會向上變成九，所以稱為「七上」；而八這個數會向下變成六，所以稱為「八下」，兩個變動一合起來，就稱為「七上八下」。

我們還可以從數學的角度，來解釋「七上八下」的道理——在《易經》中，奇數為陽，因為陽是擴張的，所以陽是「正數」；偶數為陰，因為陰是收縮的，所以陰是「負數」。七是奇數為陽（+7），八是偶數屬陰（-8），所以七在上，八在下（圖14-7），七上八下就是這麼來的。

（圖14-7）

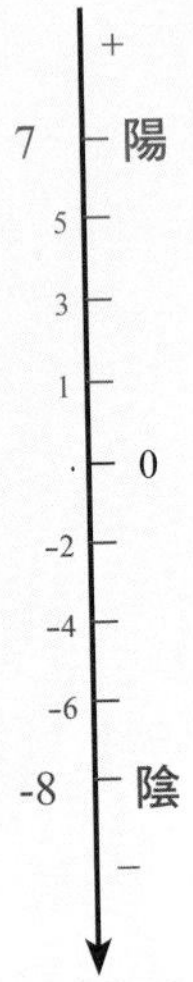

學習掌握永恆不變的規律

如果說《易經》中的象和數，是變化的現象，那麼《易經》中的理，就是在變化背後，那個永恆不變的規律。我們學習《易經》，就是要透過變化的現象，掌握那個不變的規律。

所以我們要建立起這種觀念：當你聽到不變的時候，就要知道它會變；當你聽到變的時候，就要知道，在變的背後，一定有所不變。陰陽是同時存在、永遠不會分開的，所以變與不變，也是永遠分不開的，這是《易經》最重要的精神。例如陰天時，其實太陽還是在，只是被雲層遮住了，我們看不到而已，等到烏雲散開，太陽就露出來了。剛剛雨還下得很大，轉眼間太陽又冒出來了，並非太陽跑得多快，而是它本來就在那裡，根本不曾離開。

事實上，人的眼睛所見，幾乎都是假象。可是，人最相信的就是自己的眼睛，這是人類的愚昧之處。要知道，我們的感官是會騙人的。宇宙中有那麼多光線，我們眼睛所看到的，就只有那麼一點點，其他的都看不到。一個人站在這裡，他所能看到的範圍很有限，只有面前這一點，腦後的全都看不到。所以說，人是有限的，我們不要以為自己是無限的，那是很可怕的心態。真正有能力的人，都會說自己不足以擔任某項工作。所以，當我們聽到某人信誓旦旦地說：「這個工作交給我辦，你儘管放心」時，便可以預料最後一定會出差錯。

老子認為正反是同時存在的，正就是反，反就是正。來看兩個模型，一個是「無極」（圖14-8），無極並非什麼都沒有，而是什麼都有，只是我們看不出來而已；另一個是「太極」（圖14-9），太極是裡面在動，但是我們從外面看不出它在動。任何東西，它裡面一定有兩股力量在動。當我們心裡有個念頭在動的時候，肯定是正反兩個方面都有的。例如，看到地上有鈔票，會冒出：「撿回去」的念頭，但同時又會想：「算了，還是不撿比較好。」念頭一動，正反兩個方向都有了，這就是天人交戰。

正反又變四象，情況就更複雜了。還是用上面的例子——當你看到地上的鈔票，會開始盤算：「撿了鈔票回去留著自己用？」、「還是交給員警？」、「讓別人撿吧。」、「讓別人去負這個責，交不交給員警是他的事。」短短一瞬間，就產生了四個念頭，繼續下去就會愈想愈多，想到六十四個就無法再想了，因為，六十四卦就是滿數了。

（圖14-8）

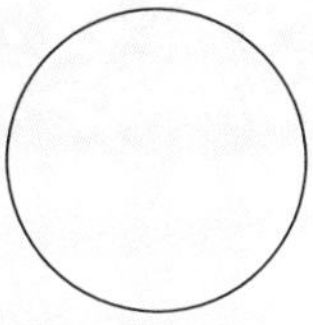

無極

（圖14-9）

太極

再以車輪為例，當車子往前走的時候，輪子也會同時往前轉，但因為輪子是圓的，所以，往前轉等於往後轉，往前就是往後，宇宙萬物都是遵循這個道理。當你懂得生就是死，死就是生的時候，你就大澈大悟了。人一生的修練，就是為了明白生就是死，死就是生的道理。如果始終看不透，苦惱自然多了。陰就是陽，陽就是陰；好就是壞，壞就是好。好與壞、陰與陽是隨時在變的。有人感嘆每過一天，生命就少了一天；也有人經常為時間的快慢感到為難：時間過得快，代表死得也快。時間過得慢，日子又很煎熬。其實，苦惱這些對生命有什麼好處呢？一切如常，過正常的生活才是最好的。

萬變不離其宗

《易經》的道理，是關於宇宙人生的，這一點與西方不同。西方人將宇宙的規律交給科學去探究，卻不管人生的規律無法納入；而中華民族是將宇宙和人生結合在一起，從來不分開的。人被視為宇宙的一部分，必須尊重宇宙的規律，所以天人合一是傳統文化非常重要的觀念。宇宙和人生，都是從生存到發展再到變化的過程，生老病死是必經的道路，沒有人例外，這是一個不變的道理。

現代人過分強調「變」，所以大家都過得很辛苦。其實，變的背後有一個不變的東西，稱作「萬變不離其宗」，這個「宗」很重要。孔子把人生演變的過程，用「元」、「亨」、「利」、「貞」四個字來概括。人生的演變，一年四季的變化，甚至整個宇宙的變化，都離不開元、亨、利、貞這四個字。

有一些道理我們很熟悉，卻不知道它們出自於《易經》，在此做一個簡單的整理：

一，循環往復。如一週七天，從星期一到星期日，然後又是從星期一到星期日，永遠都是這樣迴圈，沒有發生過變動。有人說，一切的一切都在變，為什麼從星期一到星期日不變呢？其實，不是沒有變，這是變中的「不變」，當然不變中也有變，這就是循環往復的道理。

二，物極必反。當一個人長期感覺自己身體狀況良好的時候，就要提防生大病了。事實上，常常生病的人不太容易病死，反而是那些身體看起來硬朗的人經不起病，一生病就倒下了。那麼，一直沒生病是好事還是壞事呢？其實，生病就好比身體各個器官和功能在演習，常常演習是有好處的。如果一個部隊從來沒有演習過，敵人一來，肯定就垮了。所以，《易經》提醒我們要當心物極必反，避免事情朝負面方向發展。

三，動態均衡。宇宙萬物都是陰陽變化的。陰陽隨時要平衡、調和，這就是動態均衡。宇宙中的一切都是動態均衡的。當這邊的地隆起時，我們就知道在地球的某一個地方，有塊地塌下去了。當我們看到一個好人出現時，就知道肯定也有一個壞人出現了。世界上若沒有好人，又怎麼顯出壞人的壞？沒有那麼多壞人，又怎麼知道世界上有這麼多好人呢？這就是《易經》的思維。那麼，人該怎麼辦呢？好人要治壞人，壞人就是要被好人治的。如果一個壞人都沒有，好人就沒有用處，換言之，也就不存在所謂的好人了。如果自認為是好人，就要去治壞人，而不要光是整天抱怨。

四，超越吉凶。我們要有超越吉凶的觀念。腦子裡老是存著吉凶觀念的人，其實是不長進的，宇宙人生中還有許多重要的觀念。例如有兩個卦，一個是天在上、地在下的「否卦」（圖14-10），一個是地在上、天在下的「泰卦」（圖14-11）。天明明在上，地明明在下，為什麼反映天地正常位置的卦，反而是否卦呢？這是因為天屬陽，是往上走的，而地屬陰，是往下沉的，否卦天在上而地在下，意謂著地的氣鑽入地底；天的氣上通天界，天上地上兩不相交，人在中間就活不成了。當然，這並不是說要把天弄到下面，把地弄到上面，那是不可能的。這裡講的是一股氣，是宇宙萬物都有的一股氣。氣有陰的就有陽的，有陽的就必定有陰的。泰卦地在上而天在下，象徵地氣與天氣相交，陰陽交泰，普降甘霖，萬物才能叢生。人活著就是爭一口氣，天地之間，也是氣在起作用。

（圖14-10）

否卦

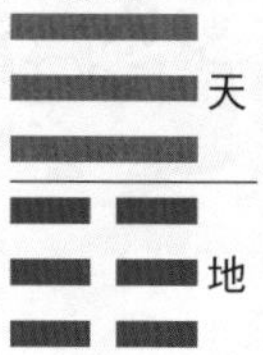

（圖14-11）

泰卦

否卦與泰卦皆屬三陽三陰，都是很調和的，不過，雖然同樣處於調和的狀態，但陰陽位置不同，兩個卦就完全不一樣了。這就提醒我們，隨時注意自己位置的變化，以便及時調整自己的想法，人到了哪個位置，就要用那個位置的思維去處世。

又如，《易經》的卦是沒有好壞之分的，如果一定要指出好卦，那就非「謙卦」莫屬了，這是一個謙虛的卦。有一次，我在機場聽見一個人打電話給他的朋友說：「你以後不能再謙虛了，過分謙虛就是虛偽。」我認為此人的觀念大有偏差，因為在這個世界上，什麼都會過分，唯獨謙虛是永遠不會過分的。懂得謙卦的人就會知道，如果一個人沒有任何成就，他根本沒有資格講謙虛。一個人只有在有能力、有貢獻之後，才能講謙虛。現代有些人說話很幼稚，例如：「我這個人什麼都不會，就是會謙虛。」其實那不是謙虛，而是無能。如果我們能盡早懂得《易經》的道理，就不會再犯類似的錯誤了。

關於吉凶，我們有一個根深蒂固的觀念，稱為「趨吉避凶」。接下來要談的就是：《易經》真的能夠趨吉避凶嗎？

易經的奧祕

超越吉凶

——跳脫吉凶悔吝的循環往復

【超越吉凶】

跳脫吉凶悔吝的循環往復

易經的奧妙，就在於運用大自然的規律，貫通並掌握人類社會的規律。大自然中月圓則缺，潮起潮落，而人類社會也同樣存在著這種物極必反的規律。人生就是吉凶悔吝的循環往復，這便是無奈的必然律。那麼，我們應該如何做，才能跳脫吉凶悔吝的必然律，而使自己立於不敗之地呢？

《易經》真的能夠趨吉避凶嗎？探討這個問題，首先要知道何謂吉凶。「吉凶」與「利害」不同，一般人用慣了「吉利」一詞，誤以為「吉」就是「利」，「凶」就是「害」，其實並非如此。《易經》中所謂的吉凶，是指按照《易經》的道理去做，就是吉，因為你一定會有所得；不按照《易經》的道理去做，便是凶，因為即使你有所得，也一定守不住。

什麼是「有所得」？例如，即使生意虧本，也會有所得，因為虧了本，學到了經驗，長進了，這對於自己的成長而言就是有所得；被別人騙了，也會有所得，因為本來他騙我，我就要騙回來，經過反省，認為這是不好的行為，於是他騙我，我也不騙他了，自己的品性變好，這不就是得嗎？當然，這些行為都必須依循易理而行。

如果不按照《易經》的道理去做，雖然還是可能獲得很多的利益，但結局一定是凶的，因為那樣的財產與所得根本就守不住。從這個角度來看，我們才能瞭解什麼是不義之財，什麼是合義之財，什麼是正當所得，什麼是不當所得，否則很難釐清這些觀念。

很多人觀念混淆，誤以為「吉凶」就是「利害」。假若真是如此，直言「趨利避害」就好了，為什麼還要談吉凶呢？利害其實是短暫的現象，得失才是比較長期的效果。

人生有了理想，就無須在意吉凶

道教《陰符經三皇玉訣》有言：「恩生於害，害生於恩」，當主管對下屬好時，下屬就不長進了，放縱自己，養成很多壞習慣；反之，當主管一直督促下屬，對下屬很嚴苛，下屬反而會學到一身的功夫。「利」是「害」的來源，「害」是「利」的基礎。一個人若能按照《易經》的思維，將利與害合在一起思考，慢慢就會得到正確的觀念。

當一個人成功之時，最怕的莫過於下一刻就面臨失敗。你成績不那麼好時，別人不會追趕你，當你成績一好，所有人都追趕你，這便帶來了很大的壓力。如果你這一次的排名是冠軍，要知道有很多人都在默默地努力，發憤地學習，心中只有一個期望，那就是要超越你。因此，我們要抱持正確的態度，做任何事只問應該不應該，少問結果如何。人生應該是享受過程，而不是計較結果。

做一件事情之前，先問問自己心中有沒有理想，有了理想，就無須在意吉凶；沒有理想，心思便容易被吉凶所占滿。如果這件事情是自己人生中一定要做的，就該不論成敗，都要努力去做，不要再去考慮結果是吉還是凶。人一旦有了吉凶觀念，就已經不是最高等的層次，而降為中等層次了；如果不認為吉凶是由自己決定，而相信吉凶是命定的，那層次就更等而下之了。

所以人分為三種層次：一種人認為吉凶是命定的，屬於最差的層次；一種人認為吉凶是由自己決定，這是中等層次；還有一種人認為根本沒有吉凶，做任何事只問應不應該，如果應該，就算是犧牲性命也要全力以赴，這是最高等的層次。

明末的民族英雄史可法，面對強勢來犯的清軍，選擇死守揚州城，難道他不能逃嗎？古代的戰爭要逃非常簡單，騎上一匹快馬，片刻就能逃得不見人影了。史可法可以逃而不逃，寧願受死，就是死得其所、死得其時，這是由人所決定，不是由命決定的。也許有人認為，既然不能扭轉局勢，乾脆自殺好了，這又錯了！在中華文化的哲學中，是不容許任何人自殺的。自殺就是對自己不負責任，就是對家人不負責任，就是對社會不負責任。從容就義跟自殺是兩碼事，因為在傳統文化中，義是很重要的價值。什麼是義？義就是合理。合理的死，什麼都不怕；不合理的死，寧可別人笑自己貪生怕死，也沒有什麼不對。

不追求大吉大利，而要追求「无咎」

大自然是沒有吉凶的。一朵花開了又謝了，它本身並沒有好，也沒有壞的分別；一隻兔子死了，沒有凶；一隻蟲生了，也不是吉。這些都只是現象，沒有吉凶之分，吉凶是人才會產生的感覺。一隻動物跟你很有感情，牠死了，你會覺得很難過；一隻動物跟你一點感情都沒有，死就死了，你不會感覺有所差別。同樣一隻狗，為什麼有人討厭牠，有人喜歡牠？因為不同的人對狗的感情不一樣，不能一概而論。

如果你看到一個人抱著一隻狗，比跟自己媽媽還親、比對自己爸爸還好，你不要笑他，也不要生氣，因為他是存心氣父母，遲早會自作自受的。我們每個人都要保持平常心，而平常心就是追求大家所公認的、正常的、合理的事物。

在小事上，我們不要特立獨行；要特立獨行，一定要在大事方面。在小事上標新立異，只會讓人家看不起你。現在有些年輕人一個耳朵上掛三、四個環，讓人看了覺得很奇怪。要知道，人只有耳垂這個地方是沒有軟骨的，老天爺就是讓你在這裡掛耳環的，其他地方統統有軟骨，是不能傷害的。有些人在耳垂上掛一個耳環不夠，軟骨上還要掛一個，鼻子上再來一個，那就是自我摧殘。軟骨一旦受傷，病菌侵入了，就很容易發炎。

前面談到，人生不要有吉凶，不要一天到晚求大吉大利，我們真正應該追求的是「无咎」。《易經》中的无咎，是指一個人難免犯錯，但是犯錯後能夠改正補救，那便无咎了。這個世界上哪個人能夠完全不犯錯呢？若有人說自己從不犯錯，那肯定是騙子。

《易經》中列舉了很多錯，到最後都演化成无咎，是因為人知錯之後會去補救，不是單單去改而已。很多人都過而能改，問題是，光是改有什麼幫助？善於補救，才能將損害降到最低，這是一個人該負的責任。

夫妻吵架時，丈夫如果學西方的方式說：「太太，我最愛妳。」太太心裡會想：「這種話你說過好幾百次了。」效果如何，可想而知。此時若是丈夫再學西方的方式道歉：「太太，我對不起妳。」太太心裡又想：「老這樣對不起就算了？有沒有別的表示？」所以這種西方的行為模式，對中國人是不具效果的。夫妻吵架後最好的處理方式，是丈夫倒杯熱茶給太太，什麼話都不要講；太太拿雙拖鞋給丈夫，十分鐘以後，兩個人又會有說有笑了。

无咎，就是不後悔，也不找理由。《易經》中經常出現兩個字，一個是「悔」，一個是「吝」。「悔」

字從心，意即一個人做錯了事情，心裡真的想改過，而且會設法用實際行動來補過。「吝」是找理由推拖：「我不是有意的，我實在是沒有辦法呀！」「吝」字上面是個「文」，下面是個「口」，意思是「文過飾非」就是嘴巴說了很多理由來掩飾過錯，心裡卻完全沒有想要改過。

人處順境時容易大意，說話容易流於隨便，於是便會由吉轉凶，這是人生的規律。只要人一放縱自己，就會無意中得罪很多人，這些被得罪的人會報復，於是凶險便隨之而至。這時你會怎麼面對呢？一般會有兩種反應：

一種是真心悔過，檢討自己真的對不起別人，無論如何都不應該那樣刺激別人，然後勇敢地面對眼前的挑戰，去化解當中的問題。

另外一種是找理由推託，認為我罵他縱然不對，但他也罵過我！他當年罵得比我凶多了，我現在罵他有什麼不對？然而這種想法，對人生而言可說是毫無幫助。

人生的悲劇就是吉、凶、悔、吝的循環，這是無奈的必然律，人從小到大都無法擺脫這個必然律，所以人的情緒會經常起起伏伏。那麼，面對這種人生的必然律，我們又該怎麼辦呢？

答案太簡單了，一點也不難。首先要知道：「吉生吝，吝生凶，凶生悔，悔生吉」（圖15-1），就像迴圈般循環往復。當一個人處於吉順時，往往就開始吝嗇，能幫忙的事情也不願意出力。細心觀察周遭的人就會發現，大部分的窮人，都很樂意幫助別人，反而是有錢人不太樂意幫助別人，寧可當守財奴，這是非常奇怪的事情。有人解釋這種情況，認為反正窮人沒有錢，就是通通給別人也沒有多少；有錢人則會想，自己只有這麼多，給出去還得了？這種解釋無可厚非，因為現實就是如此，有錢人很吝嗇，沒錢的人反而很大方。但是，如果有錢人能夠不吝嗇，窮人能夠合理節省的話，那麼整個世界就會改觀了，這就是反其道而行。

說得更清楚些，《易經》中的爻辭，告訴你這樣做的同時，也就是指點你如果不照做，還是會有另外一條路可走。《易經》是有選擇性的，當它指出這樣做會吉，同時就是在告訴你，如果不這樣做，就一定凶；當它指出這樣做會凶時，你就知道反其道而行就會吉。所以一切都是你自己做的決定，並非所謂的「命」在幫你決定。

（圖15-1）

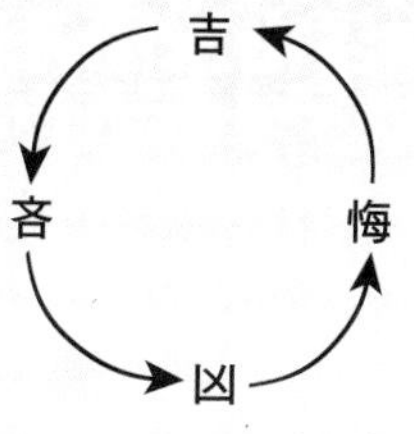

吉生吝，吝生凶，凶生悔，悔生吉。

很多中國家庭，都會在客廳裡掛上四君子的國畫——春蘭、夏竹、秋菊、冬梅，但是很多人不明白為什麼要掛上這四君子的畫。按照自然的規律，梅、蘭、竹、菊四君子根本不可能同時存在，因為它們生長在四個不同的季節裡——春天蘭花朵朵開，夏天竹影幽幽然，秋天菊花風中立，冬天梅花傲雪寒。但是我們卻把它們掛在一起，為什麼？這就是告訴人們，要學會超越時空，把不可能並存的事物整合在一起，從而做到兼顧並重。有錢的時候，要想到將來萬一窮的時候怎麼辦；窮的時候，也要想到將來萬一富的時候該如何自處。如果沒有錢就覺得自己都窮到底了，沒有什麼可怕的，就開始偷別人東西，萬一有朝一日翻身了、發達了，別人把這些醜事通通揭發出來，自己豈不是無地自容嗎？

一切待人處事都要兼顧，想想自己，也想想別人；想想大的，也想想小的。事業重要，家庭也要兼顧，不能為了一者而犧牲另外一個，將來想要補救都來不及。中華傳統思想一方面告訴我們：「時間就像流水一樣，過去就過去了，所以春、夏、秋、冬是不可能同時出現的」；另一方面也告訴我們：「如果要讓處於四季的不同事物同時出現，就得在春天時，想到夏天該怎麼過。處於秋天，想到冬天該如何生存。」

全世界只有我們中華民族的父母，會在小孩出生時，就開始討論將來要不要讓孩子讀台大。這一點，外國人永遠無法認同，他們會認為那麼早想這些做什麼？可是中國人相信，如果希望孩子將來讀台大，從現在開始就要預做準備了。甚至還有父母認為，等孩子生下來再想就已經遲了，乾脆在胎教時，就對著肚子裡的胎兒喊話：「孩子，咱們家族的希望，全放在你一個人身上了。將來你一定要讀台大，當博士，出人頭地，光宗耀祖！」可見，中國人是非常深謀遠慮的。

能先「由悔生吉」，才不致「由吝轉凶」

儘管人生的最高境界是超越吉凶，但是對於大部分的人而言，還是希望能夠趨吉避凶，所以中華民族考慮事情著重長遠計畫。俗話說：「出門在外，飽帶乾糧暖帶衣」，就是指人不能只看眼前，還要防患於未然。那麼學習《易經》，是不是可以幫助我們趨吉避凶呢？要回答這個問題之前，我們必須先明白何謂「趨吉避凶」，就是要掙脫「吉生吝，吝生凶，凶生悔，悔生吉」這種人生必然律的迴圈。那麼，要如何掙脫呢？答案是：「只要能做到後悔在先，不要後悔在後，就能『由悔生吉』，而不致『由吝轉凶』，如此一來，就可以完全做到趨吉避凶。」

做任何一件事之前，都要預先設想後果，問一問自己：「萬一將來出現這種後果，我會不會後悔？」如果答案是：「會後悔！」那麼，現在就不要去做，自然可以避免埋下禍因，這便是「由悔生吉」。

如果事前完全不想後果，凡事都先做了再說，過程中發現問題也不設法補過，一心只想推拖，等事到臨頭時就後悔莫及了，因為此時已經「由吝轉凶」了。

預先考慮事情後果，是具有憂患意識，絕非自尋煩惱。自尋煩惱是無事生非，而具有憂患意識則是未雨綢繆，兩者完全不同。

吉悔常用的時候，吝凶就可以減免，這是《易經》的法則。

吉與悔是連結在一起的，當我們處於順境時，先不要高興，應該想到自己如此順利，恐怕會不小心得罪很多人，於是加倍小心，這樣就可以避免很多凶險麻煩。如果你賺了錢一回到家鄉，就大肆鋪張地蓋起豪宅，你就得罪左鄰右舍了。因為你讓鄰居們沒有面子，引起他們的嫉妒，認為：「你有錢了是不是？你可以蓋豪宅是不是？你瞧不起我們是不是？」如果鄰居們有這種想法，自己遲早要因此吃上苦頭。

以前的人賺了錢也會回鄉蓋高樓，但是有一段鋪陳，不會什麼都不顧，自己想蓋就蓋，通常會先請左鄰右舍吃飯博感情。中國人很敏感，別人一請吃飯，自己心裡就會開始琢磨：「為什麼請吃飯呢？」想來想去，大家心裡就有數了。吃飯喝酒時，主人一句蓋房子的話都不提，而是先與左鄰右舍話家常：「你最近怎麼樣？小孩怎麼樣？」絕對不會先講自己的事情。酒過三巡，一定會有人開口：「你賺了錢，應該把房子重新裝修一下，而且你家人口多了，平房不夠，最少得蓋三層樓。」主人一定說：「不行不行，萬萬不可，我們這麼久的鄰居，要同甘共苦。」這時就會有人附和：「不能這樣說啊，凡事總有個先後，你先蓋起來，我們再學你的樣子，不也很好嗎？你怎麼這麼客氣？」主人此時會更推辭：「不行不行，你們的好意我心領了，但是做人不可以這樣。」然後又有人敬主人酒道：「我們全村就靠你爭氣了，你再不蓋高樓，我們全村都會沒面子。」這時主人就不能再推辭了：「好，為了全村我就蓋！」如此你來我往、以退為進的溝通下來，發財的人會得罪誰呢？一個也不得罪！今天我們大部分的人，就是不懂這一套，把所有人都得罪光了。要記住，當你尊重別人時，別人自然就會尊重你。

《易經》告訴我們，為人處世只要小心翼翼，按部就班，一輩子都不會敗。

我們要如何才能讓凶永遠不出現呢？中國有一句老話：「立於不敗之地」——如果一個人能夠立於不敗之地，當然就沒有凶了。可是禍福相倚，當凶不見時，吉也消失了！當我們想通這層道理後就會發現——人生本來就是要超越吉凶的。

趨吉避凶，跳脫吉凶悔吝的必然律

跳出吉凶悔吝的必然律，有沒有更具體的辦法呢？《易經》裡有「時」、「位」、「中」、「應」（圖15-2）四個字。要想在言行上掙脫這種人生必然律，就要把凶、吝、悔都去除，換言之，我們必須從現在開始養成習慣，說話之前先想想時機對不對？這種場合講這句話合不合適？聽者會有什麼反應？

（圖15-2）

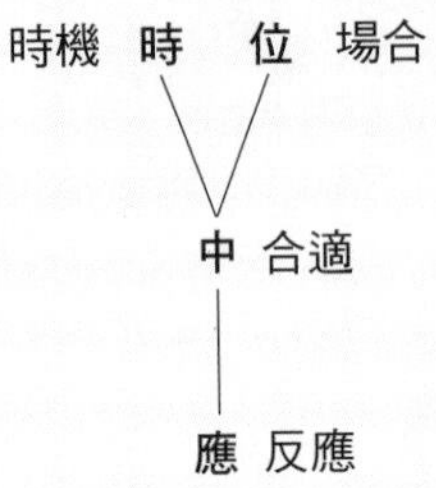

現在很多媒體都沒有注意這類問題，在大家吃午餐的時候，電視新聞報導哪裡有多少死牛、死羊、死人，那是很不適當的。這時觀眾應該怎麼辦？答案是：不看也罷！可是現代很多人照看不誤，一吃飯就把電視打開，然後心情壞了、腸胃也壞了，吃了半天，不知道自己在吃些什麼，簡直跟身體過不去。每次我去餐廳，第一件事就是請服務生把電視關掉，我們要專心吃飯，不能虐待自己的腸胃。特別是在吃奇怪的食物之前，要先跟自己的腸胃商量一下：「這個食物以前沒有吃過，今天是第一次吃，你們要好好準備一下。」要知道，我們身體有一套完整的防禦系統，當我們吃家常菜的時候，腸胃知道這是經常吃的食物，很快就會接受，並且想辦法消化它；當我們吃奇怪的食物時，這套系統不知道吃進去的是什麼，於是便如臨大敵，全體總動員，努力想將食物排擠掉，如此一來，即使吃了也是白吃，還死傷了許多免疫細胞，可謂得不償失。

過去我們從來沒有認真照顧過自己的五臟六腑，認定它們理所當然應該要照單全收，所以它們只好發出抗議，一會兒胃痛，一會兒腸子緊縮，這就是提醒你要意識到它們的存在，如果你再不注意，往後還會有別的毛病出現，例如頭痛、掉頭髮等。這是身體在向我們發出警告，提醒我們不要一天到晚看外面的事情，應該好好照顧一下自己。其實人對自己是最殘忍的，該睡覺時不睡覺，該吃七分飽卻吃十分飽，然後一直喊肚皮撐——誰撐的？都是自己撐的。

人的一言一行都要斟酌身分、時間、地點和場合。例如孔子只要當天參加過喪禮，那天就絕對不會唱歌。如果場合不對，身分不對，時機不對，再好的話也不能講，如果硬要去做的話，就會不合時宜，徒然製造出一堆後遺症。

一個人若能做到時時刻刻小心謹慎，不亂說一句話，不亂做一件事，即使有危難，也可以避免，如此就能掙脫吉凶悔吝的必然律，而立於不敗之地。這些完全都是由自己做主，與命運毫無關係，我們又何須受到命運的牽引呢？

人跟動物有什麼不同？「體面」是其中很重要的分野。體面是身而為人所特有的需求，動物沒有體面也不需要體面。同樣是吃東西，人使用筷子刀叉而不是用手，就是為了讓吃相體面一點，並非要求奢侈；穿著體面一點，是指裝扮適合自己的身分最重要，並非要穿名牌；活得體面一點，就是做人要安分守己，說話做事都符合自己的身分。

當然，我們不應該狹隘地理解體面二字，將它視為一種負擔。在這個場合該怎麼做就怎麼做，至於別人怎麼想那是別人的事，因為任何人都不可能顧慮到所有人。順了張三就逆了李四，如果整天為此搖擺不定，那就苦惱透了。盲目競爭，而不知目標為何，鑽破頭汲汲營營只求發財，那樣的人生還有什麼價值？還有什麼意義？

《易經》就是被商業炒作與利益掛帥的心態淹沒的。凡人只要看到《易經》，立刻想到卜卦；聽說有人懂《易經》，立刻找他算命。難道學《易經》就一定要算卦嗎？這是對《易經》最大的誤解。我們應該明白，《易經》是一套人生哲理，是能夠解開宇宙人生密碼的寶典。當我們遇到不同的卦，可以作出不同的因應。唯有合乎易理，才能立於不敗之地。而六十四卦之中，只有一個「謙卦」，是能教我們如何超越吉凶，立於不敗之地的。

謙卦六爻的人生啟示

謙卦下面是山，上面是地，稱為「地山謙」（圖15-3）。也許有人好奇：「山明明在地上，為什麼要躲到地底下去？」那是因為山高高在上，推土機一來，很容易就把地上面的山給整個鏟平了。當山躲到地下面去，就是開十部推土機來都推不倒它。

（圖15-3）

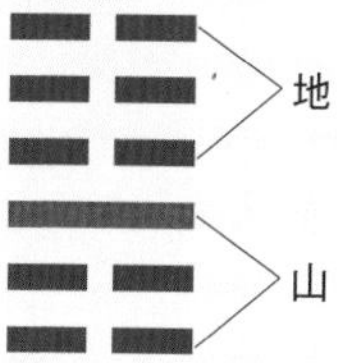

謙卦第一爻是「謙謙」。有個成語大家一定很熟悉，就是我們常說的「謙謙君子」。什麼是謙謙？有人可能會說謙謙就是謙了又謙，其實不是那麼簡單的。謙有兩個層次，下面是「艮謙」，上面是「坤謙」。一個人能夠做到艮謙就已經不容易，真要做到了坤謙，那就是聖賢了！從卦象來看，下面的山與上面的地，把人限制住，所以人要時時刻刻限制自己、約束自己，因為修身處世的功夫還不夠。哪一天，什麼限制都沒有了，但你還是不會逾矩，那就是坤謙。人一輩子能到達艮謙的境界已經很了不起，真正能進入坤謙境界的人，可說是少之又少，但我們一定要知道，還有那樣的境界存在。例如孔子就是已經進入坤謙境界的聖人，因為他能「從心所欲」，但「不逾矩」。他沒有說要用「艮」來約束自己，因為他根本不需要。愛怎麼做就怎麼做，但永遠都不會違反規矩，這個境界就是坤謙。

謙卦第二爻是「鳴謙」。當一個人表現得很謙虛，工作也做得很好時，開始有人讚美他，說他不但勤勞、有責任感，還很有能力，做人也很謙虛，這時他就要特別小心，因為這些溢美之詞有如毒藥。如果他聽信這些讚美，認為自己與眾不同，主管應該對他另眼相看，特別提拔，那麼，這個人未來的前途就很有限了。要記住，將工作做好只是盡本分，不需要別人給予鼓勵。如果一個人是為了鼓勵才努力，心念就已經不夠純正，而有所貪圖了。工作做得好，別人一定會讚美，但不要被這些讚美所影響。受到表揚能不動於心，繼續守分而為，就證明此人修養難得。若是拿個小獎就喜形於色，那表示他這輩子大概只能拿這個小獎了，大獎他根本承受不起——小獎就已經樂壞了，大獎豈不是樂死了？

艮的頂端是第三爻勞謙。這時來到山的頂端。勞謙就是一個人有貢獻，和別人有很不一樣的表現，卻還是很謙虛，這個人就很了不起。沒有貢獻而謙，不值得我們去表揚；有了很大的功勞還說：「托天之福，謝天謝地。」這不是虛偽，而是體現了謙卦的精神。如果你說是老天幫忙，沒有人會不高興；可是你說這是自己拚命努力的成果，會有多少人打從心裡佩服你？現在很多人喜歡說：「這是我個人的創見，是我努力的成果。」這種話其實沒有人樂意聽。

第四爻是撝謙。此時已從艮謙進入坤謙了。「撝」是「發揮」的意思，就是對上要謙，對下也要謙。平心而論，一個人要對上謙比較容易，對下謙比較困難。如果一個主管經常在部屬面前誇口自己有才能，這種人是沒有太大作為的。即使確實是因為比別人能幹才當上主管，以此炫耀也是很不合身分的。當了主管而能禮賢下士，能愛護年輕人，能多多指導後輩，能將表現的機會讓給年輕人，這才是真的了不起，這就做到了撝謙的精神——不僅僅要自己謙虛，還要帶動團體一起發揚撝謙的美德。

第五爻是護謙。到了六五爻，表示這個人是整個組織的領導，他要護謙，要能維護謙的風氣，不能自己率先敗壞。如果總經理喜歡高談闊論：我們公司如何了不起，五年以後將會如何不得了……這便是破壞了謙卦的精神，可惜時下大多數領導者都是這樣做的。

上六是鳴謙。雖然上六與第二爻一樣都是鳴謙，但因為兩爻位置不同，解釋也就大不相同。一個人到了這個位置，千萬要謹記，如果六五爻是總經理的話，上六爻便是董事長。好不容易累積了聲望，當了董事長，就要記住，只要哪個下屬不謙虛，就可以教訓他：「這麼不謙虛，人家給你面子，你還以為自己真的能幹？」只有董事長才適合講這種話。總經理不能隨便得罪人，董事長就必須出手修理那些不謙虛的下屬，以這種方式來幫助、支持總經理，才能夠把謙虛的風氣維持住。

孔子一生最大的貢獻，就是把《易經》整理出來，使它從一本占卜之書，變成一本哲理之書，賦予《易經》更高層次的價值。而這些哲理，是完全可以落實在日常生活之中，讓每個人在每一天，都能夠真正實踐篤行的。

其實，我們隨時隨地都在運用《易經》，只是日用而不知。畢竟《易經》的成書年代已經距離我們十分久遠，再加上許多人對《易經》有艱澀難懂的刻板印象，當實際翻閱時，又發現書中確實有很多不認識的文字，於是便放棄學習，十分可惜。所以，今日我們才會重新用現代的語言和觀念，來整理這部對炎黃子孫影響極其深遠的寶典。

然而，僅憑如此短的篇幅，是無法把《易經》這部廣大精微的寶典完全闡述詳盡的。六十四卦中的每一個卦，都需要我們好好參悟，絕非寥寥數語便能管窺蠡測。我們希望大家在對《易經》有了正確的認識後，能夠真正把它落實運用到各行各業，對自己各方面進行調整。閒時隨意翻閱一個卦、玩味它的象、賞析它的數、推想它的理，然後落實到自己的日常生活中，這才是我們研讀《易經》的目標。

地球村勢在必行，而它所帶來的最大問題，就是文化的歧異與衝突。十九世紀不懂英語的人非常吃虧，二十世紀不會講美語的人也占不到上風。然而，現在已經進入二十一世紀，時代完全不一樣了，全世界都重視中文，我們身為炎黃子孫，引領時代風潮，一定要率先將自己的文化與思維認識清楚。

中華文化要復興，全賴龍的傳人能堅守中道，堂堂正正地做人處世，將《易經》的哲理發揚光大，推而廣之，一統天下，使世界大同的理想能落實於二十一世紀的地球村。我們的中心價值，是要做一個受人尊敬的人，而不是做一個有錢人。有錢人並不稀奇，有價值的人才值得我們敬仰。

這次在有限的篇幅裡，僅能將《易經》的要領大致闡明，尚祈各界先進賜教指正為幸。

國家圖書館出版品預行編目資料

易經的奧祕 ／曾仕強著. -- 初版. -- 臺北市：
曾仕強文化, 2013.04
面 ；公分
ISBN 978-986-89499-0-4（平裝）

1.易經　2.易學　3.研究考訂

121.17　　　102007641

書　　名　易經的奧祕
作　　者　曾仕強
發 行 人　廖秀玲
總 編 輯　陳祈廷
管 理 部　吳思緯
行 銷 部　邱俊清
主　　編　林雅慧
編　　輯　李秉翰
出 版 者　曾仕強文化事業有限公司
地　　址　台北市重慶南路一段57號8樓之14
服務專線　+886-2-2361-1379　+886-2-2312-0050
服務傳真　+886-2-2375-2763
版　　次　2022年11月初版三刷
I S B N　978-986-89499-0-4
定　　價　新台幣600元

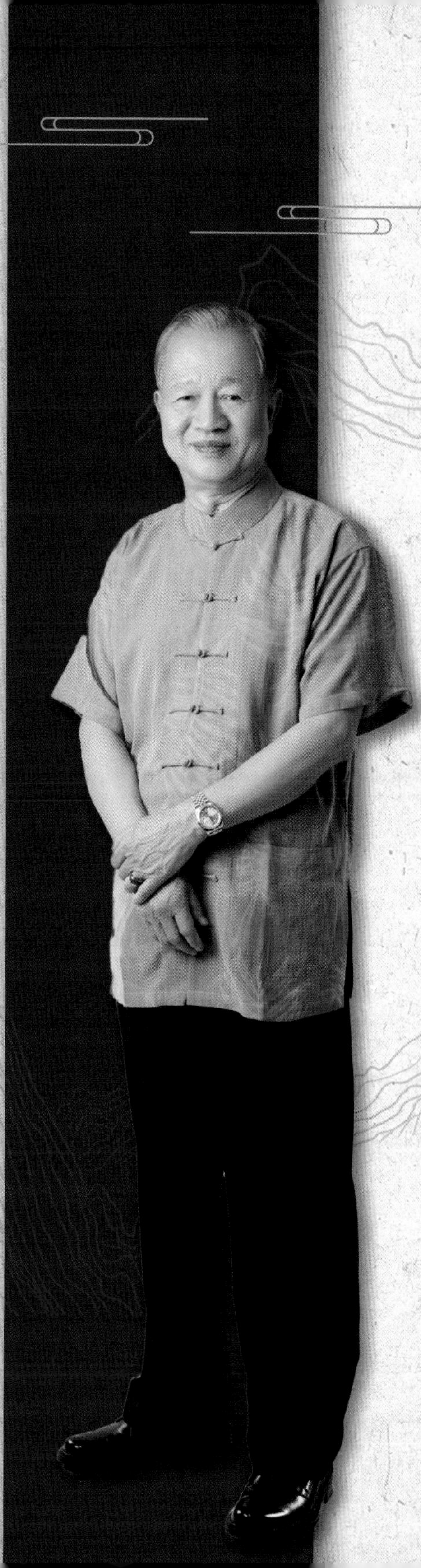

編輯精選推薦

《易經的奧祕》

一本異想天開的絕妙經典

有些書能幫助人們開啟智慧，
這一生至少要讀過一次。
讀完後，你就能明白——
為什麼孔子說：「朝聞道夕死可矣！」
為什麼經典就是經典，無可動搖！

曾仕強著

《道德經的奧祕》

曾仕強解析老子自然無為的人生哲學

老子是中國特別的思想家，能傳授給我們當代最受用的人生哲學。只要懂得「反者道之動、弱者道之用」的宇宙法則，每個人都能把自己生命的插頭，和天地間生生不息的能量源頭相互連結。

曾仕強著

Line@ 官方帳號

曾仕強文化
TSCICHING

專線：02-23611379 / 02-23120050

《精選課程》系列

《決策易》 Course for the Application of I-Ching in Policy-making

《易經》一卦有六爻，分別代表事情發展、變化的六個不同階段，可做為擬定決策時的良好參考。不讀《易經》，難以培養抉擇力，這部千古奇書，可謂「中國式決策學」的帝王經典。

《生活易》 Course for Daily Application of I-Ching

《易經》帶給我們的不只是理論，更是一種思考方式的訓練。生活易課程教你如何輕鬆汲取易理智慧，開發多元思考方式，發揮創意解決問題，能讓你的生活過得更簡易，也更有樂趣。

《奇門易》 Course for Cosmic Divination of I Ching (Qi-men Yi)

奇門易可瞭解事情的癥結點，進而佈局調理、擇時辨方。《易經》及占卜，能作為制定決策的最佳參考指南；而奇門易，則告訴你執行決策時最有利的時機及方位，具有相輔相成效果。

《乾坤易》 Course for Dynamics of Khien and Khwan in I Ching

「乾知大始，坤作成物」，啟示我們「乾」代表開創的功能，腦袋裡有想法、有創意，是一件事情的開始；「坤」代表執行功能，經過實踐的過程，把事情給具體落實，而且收到成果。

手機掃描QR CODE連結至學友專屬Line@官方帳號

曾仕強文化

獨家設計開創的經典課程

「解讀易經的奧祕套書」全系列共 18 冊

- 卷 1《易經真的很容易》
- 卷 2《易經的乾坤大門》
- 卷 3《人人都不了了之》
- 卷 4《易經的中道思維》
- 卷 5《轉化干戈為玉帛》
- 卷 6《人生最難得有情》
- 卷 7《生無憂而死無懼》
- 卷 8《通就是宇宙真理》
- 卷 9《解開宇宙的密碼》
- 卷 10《還自然一個公道》
- 卷 11《易經由象數推理》
- 卷 12《道德是最佳信仰》
- 卷 13《易經的占卜功能》
- 卷 14《因果使社會安和》
- 卷 15《易經與河圖洛書》
- 卷 16《誠意溝通天地人》
- 卷 17《出類拔萃多靈氣》
- 卷 18《革故鼎新好創意》